朝日新書
Asahi Shinsho 957

平安貴族の心得

「御遺誡」でみる権力者たちの実像

倉本一宏

朝日新聞出版

はじめに　御遺誡とは何か

御《ご》遺誡《ゆいかい》と呼ばれる史料がある。遺言（天皇の場合は遺詔《いしょう》）とは異なり、多くはまだ元気なうちに、訓戒を子孫や門下などの後人に遺したものである。山本眞功編註『家訓集』（東洋文庫）によれば、皇族・公家から、中世以降は武家、さらに近世以降には商家や農家の遺訓《いくん》も遺されている。良源《りょうげん》の遺した『慈恵大師自筆遺告《じえだいしじひつゆいごう》』のような僧の遺誡もある。

遺誡を遺した人物の置かれた時代、また置かれた立場によって、さらには遺誡を伝えるべき子孫の立場によって、その内容は様々である。それらの立場を考えながら、いったいその人は何を子孫に遺そうとしたのかを考えることは、なかなか興味深い問題である。

この本では、嵯峨太上天皇《さがだいじょうてんのう》が仁明《にんみょう》天皇に遺した『嵯峨遺誡《さがゆいかい》』（の逸文《いつぶん》）、宇多《うだ》天皇が譲位《じょうい》にあたって、敦仁《あつぎみ》親王（後の醍醐《だいご》天皇）に遺した『寛平御遺誡《かんぴょうのごゆいかい》』、後世に菅原道真《みちざね》に仮託《かたく》されて偽作された『菅家遺誡《かんけゆいかい》』、醍醐天皇が寛明《ゆたあきら》親王（後の朱雀《すざく》天皇）に遺した『延《えん》喜御遺誡《ぎのごゆいかい》』（の逸文）、また藤原師輔《もろすけ》が子孫に遺した『九条右丞相遺誡《くじょううしょうじょうゆいかい》（九条殿遺誡《くじょうどのゆいかい》）』といった平安時代の五つについて、各遺誡の原文に返り点を付けたものと、本文を現代語訳したものとを掲示し、それぞれ遺誡を遺した人物の時代、また立場、さらには子孫の立場を考えたい。

遺誡を考えることによって、平安時代の皇位や摂関《せっかん》の継承、また時代相について、表面的な政治史からでは窺い知ることのできない深層に迫ることができるのではないかと考えるのである。

なお、現代語訳の基となった原文および訓読文、また注は、『寛平御遺誡』『菅家遺誡』『九条右丞相遺誡』については山岸徳平・竹内理三・家永三郎・大曾根章介校注『古代政治社會思想』（日本思想大系、遺誡は大曾根章介校注）を使用し、原文を山本眞功編註『家訓集』（東洋文庫）と適宜比較した。『嵯峨遺誡』『延喜御遺誡』の逸文については、これらを引用した各史料によっている。また、各史料の写真版も購入して、これを参照した。

平安貴族の心得　「御遺誡」でみる権力者たちの実像

目次

【付録】

図作成　鳥元真生

第一章

嵯峨天皇と『嵯峨遺誡』

1　嵯峨天皇と皇位継承

　大同《だいどう》元年（八〇六）に即位した平城《へいぜい》天皇は、藤原式家《しきけ》の皇后乙牟漏《おとむろ》から生まれた同母弟の神野《かみの》親王を皇太弟《こうたいてい》に立てた。大同三年（八〇八）の春から「風病《ふうびょう》」を病んでいた平城は、大同四年（八〇九）四月、突然に神野親王に譲《じょう》位《い》した。これが嵯峨《さが》天皇である。

　嵯峨の東宮には、伊勢《いせ》に下った中臣氏《なかとみ》（中臣伊勢連）である木工頭《もくのかみ》伊勢老人《おきな》の女《むすめ》で、正式な后妃ではなく宮人《みやびと》である継子《けいし》から生まれた平城皇子の高岳《たかおか》親王が立てられたが、その即位が貴族社会で受け入れられる可能性は低かった。

　弘仁《こうにん》元年（八一〇）に起こった「平城太上《だいじょう》天皇《てんのう》の変（薬子《くすこ》の変）」によって、平城は出家し、高岳親王は廃された。代わって嵯峨は異母弟の大伴《おおとも》親王を皇太弟に立てた（母は式家の旅子《りょし》）。嵯峨としてみれば、高岳親王が即位した後の東宮に自分の皇子を立ててくれる保証はなく、ここで平城の皇統《こうとう》を排除したうえで、高岳親王に替えて弟の大伴親王を皇太弟に立てれば、その次に自分の皇子にまわってくる公算も高いと考えたのであろう。

　嵯峨は弘仁十四年（八二三）に皇位を大伴親王に譲った（淳和《じゅんな》天皇）。淳和は異母妹で

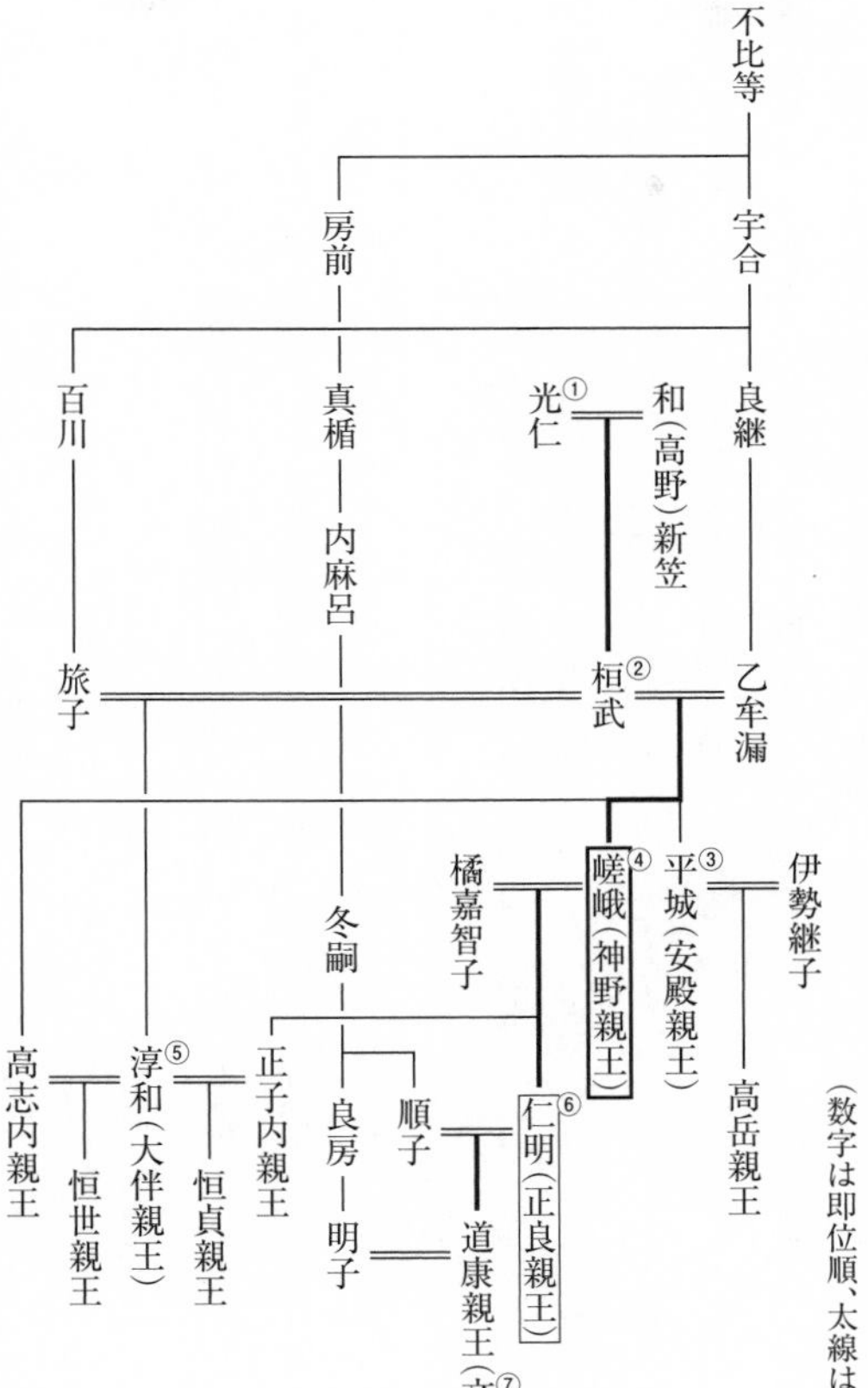
不比等
宇合
房前
良継
和(高野)新笠
光仁①
真楯
百川
内麻呂
乙牟漏
桓武②
旅子
伊勢継子
平城③(安殿親王)
嵯峨④(神野親王)
橘嘉智子
冬嗣
高岳親王
仁明⑥(正良親王)
順子
良房
正子内親王
淳和⑤(大伴親王)
高志内親王
道康親王(文徳⑦)
明子
恒貞親王
恒世親王
(数字は即位順、太線は嫡流)

系図１

ある高志《こし》内親王から生まれた恒世《つねよ》親王を皇太子に立てようとしたが、恒世親王がこれを固辞し、代わって嵯峨皇子の正良《まさら》親王（後の仁明《にんみょう》天皇、母は橘嘉智子《かちこ》）が皇太子となった。

その頃、嘉智子所生の正子《せいし》内親王が、淳和の後宮《こうきゅう》に入内《じゅだい》した。正子内親王は天長《てんちょう》二年（八二五）に恒貞《つねさだ》親王を産んだ。

淳和は正良親王の次には恒世親王をと期待していたはずであるが、恒世は天長三年（八二六）に死去してしまった。淳和にはちょうど恒貞親王が生まれたばかりであり、この後、嵯峨皇統《こうとう》と淳和皇統のどちらが嫡流《ちゃくりゅう》となるかは、決着が付いていなかった。

そして天長十年（八三三）二月、淳和は譲位《じょうい》して淳和院（現京都市右京区西院高山寺町）に移り、正良親王が即位し（仁明天皇）、その皇太子には恒貞親王が立てられた。桓武皇子と嵯峨皇女（しかも生母は嘉智子）との間に生まれた恒貞親王は、両皇統を繋《つな》ぐ皇子として、宮廷社会からの期待も大きかったであろう。これで平穏に平安京での日々が続くかに思われたが、それは、嵯峨太上天皇が存命している間のことに過ぎなかった。

承和《じょうわ》七年（八四〇）に淳和太上天皇が死去したのに続いて、承和九年（八四二）に嵯峨太上天皇が死去すると、承和の変が起こった。

平城皇子の阿保《あぼ》親王（生母は百済《ひゃくさい》系渡来《とらい》氏族出身の葛井藤子《ふじいのとうし》）が皇太后《こうたいごう》橘嘉智子に封書《ふうしょ》

嵯峨院故地（大沢池）

を送り、春宮《とうぐう》帯刀《のたちはき》である伴健岑《こわみね》と橘逸勢《はやなり》が恒貞皇太子を奉じて東国に向かおうとしていることを密告したのである。すぐに恒貞親王の廃太子が宣下《せんげ》され、関係者が処罰された。

承和九年（八四二）、新しい皇太子を定めるよう公卿が上表し、藤原良房《よしふさ》の妹順子《じゅんし》を生母とする道康《みちやす》親王（後の文徳《もんとく》天皇）が皇太子に立てられた。ここに両皇統の迭立《てつりつ》状態は解消して新嫡流が誕生し、また藤原氏内部における良房の優位が確定したのである。

2　『嵯峨遺誡』の内容

以上の複雑な皇位継承の経緯のなかで、嵯峨《さが》太上天皇《だいじょうてんのう》から皇子の仁明《にんみょう》天皇に与えたと考えられる遺訓《いくん》が、『嵯峨遺誡《さがゆいかい》』である。『本朝書籍目録《ほんちょうしょじゃくもくろく》』という、鎌倉中期までに成立した図書を網羅した総目録に、「寛平遺誡《かんぴょうゆいかい》。同〈一巻〉」と「九条右丞相遺誡《くじょうしょうじょうゆいかい》。同」の間に、「嵯峨遺誡。同」と見えるが、現存していない。

「一巻」とあることから、独立した巻物であったはずであるが、現在は六国史《りっこくし》の四番目の『続日本後紀《しょくにほんこうき》』と、六番目の『日本三代実録《にほんさんだいじつろく》』に、わずかな逸文《いつぶん》が残されているのみである（『平安時代史事典』所功氏執筆）。

適宜、それらに番号を付けて、解読してみよう。

1.『続日本後紀』承和十一年八月乙酉条

まずは『続日本後紀』承和《じょうわ》十一年（八四四）八月乙酉（五日）条である。この日、文章博士春澄《はるずみの》善縄《よしただ》と大内記菅原是善《これよし》（道真《みちざね》の父）の二人が、大納言藤原朝臣良房《よしふさ》の指示を受けて、次のように申し出た。

文章博士従五位上春澄宿禰善縄、大内記従五位下菅原朝臣是善等、被二大納言正三位藤原朝臣良房宣一称。先帝遺誡曰、世間之事、毎レ有二物恠一、寄レ祟二先霊一、是甚無レ謂也者。今随レ有二物恠一。令下二所司一卜筮上、先霊之祟明二于卦兆一。臣等擬レ信、則忤二遺誥之旨一、不レ用則忍二当代之咎一。進退惟谷、未レ知二何従一。若遺誡後有レ可レ改。臣子商量、改レ之耶以否、由レ是略引二古典証拠之文一曰、昔周之王季。既葬後有レ求而成レ変、文王尋レ情奉レ之也。先霊之祟不レ可二謂毋一。又有二幽明異レ道、心事相違者一、如二北斉富豪梁氏一是也。臨レ終遺言、以二平生所レ愛奴一為レ殉、家人従レ之。奴蘇言、忽至二官府一、見二其亡主一。々曰。我謂、亡人得レ使二奴婢一、故遺言喚レ汝。今不二相関一。当二白レ官放レ汝、々謂二家人一、為レ我修レ福云々。又春秋左氏伝、魏武子有二嬖妾一、無レ子。武子疾、命二其

子顆一曰、必嫁、病困則更曰、必以為レ殉、魏顆択レ之、従二其治一也〈謂二病未レ至レ困也。〉。遂得二老夫結レ草之報一。尚書曰、女則有二大疑一、謀及二卿士一、謀及二卜筮一。白虎通曰、定二天下之吉凶一、成二天下之亹々一、莫レ善二於蓍亀一。劉梁弁和同論曰、夫事有二違而得レ道、有二順而失レ道。是以君子之於レ事也、無レ適無レ莫。必考レ之以レ義。由レ此言レ之、卜筮所レ告、不レ可レ不レ信、君父之命、量レ宜取捨。然則可レ改改レ之、復何疑也。朝議従レ之。

文章博士従五位上春澄宿禰善縄と大内記従五位下菅原朝臣是善が、大納言正三位藤原朝臣良房の宣を承《う》けて云ったことには、「先帝（嵯峨太上天皇）の遺誡に云ったことには、『世間では、物怪《もっけ》が出現する毎に、山陵《さんりょう》の霊の祟《たた》りだとしているが、これは甚だ謂《いわ》れの無いことである』ということです。今、物怪が出現する毎に官司に卜筮《ぼくぜい》させてみますと、『山陵の祟りである』と明瞭に出ています。私たちが卜筮の結果を信じれば、遺誡の趣旨に背き、依らなければ現状に対する戒めである祟りを忍ばねばなりません。進退ここに窮まり、どうしたらよいか判りかねます。あるいは遺誡は後の者が改めるべきでしょうか。私たち（善縄・是善）は検討を行ない、改めるべきか否かについて、古典の文章を引用して、典拠としたいと思います。昔、中国古代の周《しゅう》の文《ぶん》王の父王季《おうき》は、死亡して葬儀が終了した後、求めることがあって異変をなし、文王がそれを奉じたといいます。これにより、山陵の祟りに謂れなしとはいえません。また、冥界と現世《げんせ》とでは事情を異にし、思いに相違を来すことがあり、その例として北斉《ほくせい》の富豪梁《りょう》氏の場合があります。梁氏は臨終の時に遺言して、日頃かわいがっていた奴《ぬ》を殉死《じゅんし》させることにし、家人がそのとおりにしましたところ、奴は生き返って、すぐに冥府《めいふ》に至り主人に会うと、主人は、『冥府で奴婢《ぬひ》を使役するつもりで喚《よ》んだが、今はそのつもりはなくなり、冥官《めいかん》に申し出て現世に戻すことにしたので、ついては家人に、自分のために冥福を祈り、仏事を修めよ、云々と言え』と語ったとあります。

また、『春秋左氏伝《しゅんじゅうさしでん》』には、『魏武子《ぎぶし》には愛妾《あいしょう》がいましたが、子供がなく、武子は病むと自分の子の顆《か》に命じて、「必ず妾を結婚させよ」と言い、病気がすすむと改めて、「必ず殉死させよ」と言いましたが、魏顆は後者を措いて、病のすすまない段階の指示を選び〈病が未だ重きに至らないことを謂うのである。〉、妾を結婚させ、妾の父親のお蔭で敵軍を破った』とあります。『尚書《しょうしょ》』(『書経《しょきょう》』)には、『大問題にぶつかったら大臣や役人と図り、次いで卜筮に図るものだ』とあり、『白虎通《びゃっこつう》』には、『天下の吉凶《きっきょう》を定め、滞りなく推移するようにするには、亀卜《きぼく》より善いものはない』とあります。劉梁《りゅうりょう》は『弁和《べんか》同論《どうろん》』で、『事には本来のあり方に背いていてもうまくいくことがあり、それに従っていても失敗することがあるので、君子は何事につけ適・不適を予断せず、筋道を立てて考えるものだ』と述べています。これらによって考えてみますに、卜筮の告げるところは信じるべきであり、君父《くんぷ》の命令は適宜取捨すべきものでして、これより、改めるべきは改めることに、なんら疑問はありません」と。

朝議《ちょうぎ》はこれに従った。

「朝廷の見解としては、これに従うことになった」と最終決定が語られているが、冒頭の「世間では、物怪が出現する毎に、山陵の霊の祟りだとしているが、これは甚だ謂れの無いことである」という部分が、嵯峨の遺誡である。

物怪というのは、「もののけ」と読んだ場合は死霊《しりょう》・生霊《いきりょう》など怨霊《おんりょう》の類をさすが、多くは「もっけ」と読んで、思いがけないこと、意外なこと、不思議なこと、怪しいことの総称である。自然現象や、動物が内裏《だいり》や邸内に入ってくることなど、不吉な前兆を示すさまざまな異常現象（怪異《かいい》）全般をこのように称した。国家的な怪異に際しては、官奏《かんそう》を経て軒廊御卜《こんろうのみうら》で神祇官《じんぎかん》と陰陽寮《おんみょうりょう》が神祟《しんしゅ》（神の祟り）、天皇の慎しみ、疾疫《しつえき》・兵革《へいかく》などを卜占《ぼくせん》す

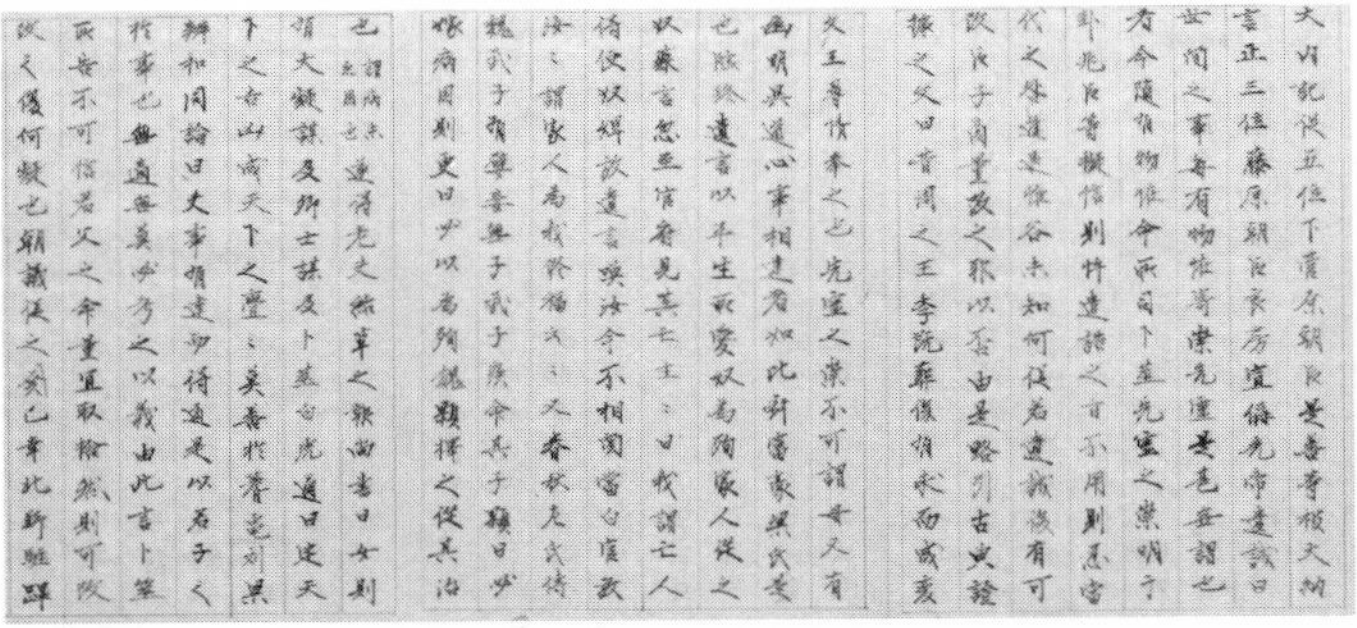

『続日本後紀』承和十一年八月乙酉条（国立公文書館蔵）

る。諸司《しょし》や貴族層の怪異は、陰陽《おんみょうじ》師が個人的に病事・口舌《くぜち》（言い争い）・火事の慎しみを占った。

この場合、嵯峨は、「物怪が山陵の霊の祟りというのは、まったく根拠がない」と遺誡したというのである。これに対し、善縄と是善は、所司《しょし》（神祇官と陰陽寮）の卜占では「山陵の祟りである」と出ているし、中国の古典を調べてみると、やはり物怪は山陵の霊の祟りであると結論づけている。そして、君父（嵯峨）の命令は適宜取捨すべきものであって、改めるべきであると提案しているのである。

それを承けた良房や公卿たちも、二人の意見に従ったとある。仁明天皇の最終決定も同様であろう。

せっかくの嵯峨の合理的で冷静な判断を、彼らはここで無視してしまったことになる。神祇官や陰陽寮にしてみれば、卜占は重要な職掌であるから、必要ないと言われると困ったのであろうが、このような措置が、後世まで「迷信深い平安貴族」像をかたちづくってしまったことになる。

もっとも、平安貴族が怪異や物怪や物忌《ものいみ》や触穢《しょくえ》を本当に畏《おそ》れていたかというと、そうとばかりは言えないことは、古記録《こきろく》（男性貴族の記した漢文日記）を読むと明らかである。

詳しく述べる余裕はないが、彼らは都合の悪い時には畏れ、都合の良い時には無視するといった態度を取っていたのである。

なお、承和十年（八四三）七月十四日、嵯峨の一周忌法会《ほうえ》が行なわれた。実際の命日は七月十五日であったにもかかわらず、その日は寅の日で仁明と嘉智子《かちこ》の生まれた年の干支《かんし》にあたるというので、一日前に行なわれた。俗信に惑わされないよう命じた嵯峨の遺志は、早くも破られていたのである。

2.『日本三代実録』貞観八年三月二日戊寅条

ついで『日本三代実録』貞観《じょうがん》八年（八六六）三月二日戊寅条である。

是日、勅、沙弥深寂賜二姓貞朝臣名登一、叙二正六位上一、貫二右京一条一坊一。先レ是、貞観五年九月廿日、三品行中務卿諱〈光孝天皇〉親王・四品兵部卿兼行上総太守本康親王・参議正四位下行左兵衛督源朝臣多・従四位上行伊勢守源朝臣冷・散位従四位上源朝臣光等奏言、深寂、是仁明天皇更衣三国氏所レ生也。承和之初、賜二姓源朝臣一、預二時服・月料一。厥後依二母過失一、被レ削二属籍一。仍出家入道。嘉祥之末、更垂二優矜一、同二於法栄・尋道之列一、預二時服・月料一。聖躬不予之間。与二諱等一共侍二嘗薬一、登遐之時、縁二身出家一、不レ預二処分一。今善縁不レ遂、再落二俗塵一、所レ生之子、随亦有レ数、而名猶編レ僧、身未レ有レ貫、出仕之理既絶、沈淪之悲良深。夫為レ子之道、緇素无レ別、出家之時既列二皇子一。還俗之日何為非レ児。然則准二之人間一、宜レ復二本姓一。但伏聞、嵯峨遺旨、母氏有レ過者、其子不レ得レ為二源氏一。望請、賜二姓名貞朝臣登一、叙二位階一、貫二京職一。至レ是詔許レ之。

この日、清和《せいわ》天皇の勅があって、沙弥《しゃみ》深寂《しんじゃく》に姓を貞《さだ》朝臣、名を登《みのる》と賜い、正六位上に叙して、右京一条一坊に貫附《かんぷ》された。これより先に、貞観五年（八六三）九月二十日に、三品行《ぎょう》中務卿諱《いみな》〈光孝《こうこう》天皇。〉親王（時康《ときやす》親王）・四品兵部卿兼行上総太守本康《もとやす》親王・参議正四位下行左兵衛督源朝臣多《まさる》・従四位上行伊勢守源朝臣冷《すずし》・散位《さんい》従四位上源朝臣光《ひかる》が、奏言して云ったことには、「深寂は、これは仁明天皇の更衣《こうい》であった三《み》国《くに》氏が産んだものです。承和の初年、姓を源朝臣と賜って、時服《じふく》や月料《げつりょう》に与《あずか》りました。その後、母の過失によって属籍《ぞくせき》を削られ、そこで出家して入道しました。嘉祥《かしょう》の末年、また優矜《ゆうきん》を垂れられて、法栄《ほうえい》や尋道《じんどう》の列と同じくして、時服や月料に与らせられました。文徳《もんとく》天皇が病悩していた際、時康親王たちと共に薬の毒見を行ないましたが、天皇が崩御《ほうぎょ》した際には、出家の身であったため財産処分に与ることができませんでした。今、僧として善縁《ぜんえん》を遂げず、俗世間で生活するようになり、生まれた子女も何人もいましたが、身分は僧侶のままで貫附する所もなく、朝廷への出仕《しゅっし》もできず、零落《れいらく》した悲しみはまことに深いものでした。子である道は、僧と俗人の区別はありません。出家した時は、すでに皇子に列していました。還俗《げんぞく》した日には、どうして天皇の児でないことがありましょうか。それならばつまり、俗人に准じて、宜しく本姓に復すべきでしょう。ただし、伏して申しあげることには、嵯峨の遺旨《いし》に、『母氏《ぼし》に過失が有れば、その子は源氏とすることはできない』と。望み請うことには、姓名を貞朝臣登と賜い、位階を叙して京職《きょうしき》に貫附されんことを」と。ここに至って、天皇は詔して許された。

仁明天皇の皇子のうち、登は越前の豪族出身の更衣（三国氏の女性）から生まれたが、生母の身分が低かったため、承和初年に姓を源朝臣と賜って臣籍《しんせき》に降下した（倉本一宏『公家源氏　王権を支えた名族』）。その後、承和十二年（八四五）に生母の三国氏が藤原有貞《ありさだ》との密通を疑われて更衣を廃されるという過失があったので、「母氏に過失が有れば、その子は源氏とすることはできない」という嵯峨の遺誡によって、放氏《ほうし》という処分が下され、いったんは出家して僧となり、深寂と称した。

深寂は文徳天皇が病悩した際に、薬の毒見を行なったものの、天安《てんあん》二年（八五八）に文徳が死去した際にも、出家の身であったため財産処分に与れなかった。この貞観八年になって、時康親王・本康親王・源多・源冷・源光といった兄たちが、甥にあたる清和天皇に奏上《そうじょう》して、深寂を本姓に復することを申請した。

ただし、この時も「母氏に過失が有れば、その子は源氏とすることはできない」という嵯峨の遺誡によって、貞朝臣という姓を賜り、正六位上に叙されている。嵯峨の遺誡は、自分の皇子女である嵯峨源氏に対して出されたものであろうが（その時点では、他の天皇の皇子女が源氏になることは想定されていなかった）、後世、すべての源氏について適用されたのである。皇子女の臣籍降下を始めた嵯峨の権威が、後世にまで残存したということであろう。貞氏という氏は、この登だけに賜ったものである。登の子女はこの後、史料に見えない。

なお、登は翌貞観九年（八六七）に従五位下に叙爵《じょしゃく》され、貞観十四年（八七二）に土佐守、貞観十五年（八七三）に大和権守、仁和《にんな》元年（八八五）に備中守、寛平《かんぴょう》四年（八九二）に越中介、寛平五年（八九三）に紀伊権守と、地方官を歴任した。寛平六年（八九四）に正五位下に叙された記事を最後に、史料から姿を消す。『古今和歌集《こきんわかしゅう》』には、登の詠んだ和歌が一首、採られている。

なお、和田英松氏の『皇室御撰之研究』では、『北院御室拾要集《きたのいんおむろしゅうようしゅう》』に見える「嵯峨天《さがてん》子《し》御記《ぎょき》」と『真俗交談記《しんぞくこうだんき》』に見える「嵯峨天皇御記《さがてんのうぎょき》」なる文が、「蓋し御遺誡《ごゆいかい》の一節ならんか」と解されている。『北院御室拾要集』は、治承《じしょう》四年（一一八〇）に守覚《しゅかく》法親王（後《ご》白河《しらかわ》法皇第二皇子）が真言《しんごん》宗の行者《ぎょうじゃ》を対象として修行の必須・故実・訓誡等を述べた書、『真俗交談記』は建久《けんきゅう》二年（一一九一）に同じく守覚法親王が故実や宗門の秘事を述べた書である。

いずれも嵯峨の時代よりも三五〇年ほど後の時代に記されたもので、そこに嵯峨の「御記」が引かれているとは、ほとんど考えられない。ましてそれが遺誡であるとは、とても思えないのであるが、一応、次に掲げておく。まず『北院御室拾要集』には、次のように見える。

帝道大綱抄…嵯峨天子御記云、保㆓王法㆒事専可㆑依㆓密教信力㆒也。然可㆑重㆓護持僧㆒云々。賢王叡記如レ是。老臣非二私辞一。

『帝道大綱抄《ていどうたいこうしょう》』に、…『嵯峨天子御記』に云ったことには、「王法《おうほう》を保つ事は、専ら密教《みっきょう》の信力に依るべきである。そこで護持僧《ごじそう》を重んじるべきである」と云うことだ。賢王《けんおう》（嵯峨天皇）の叡記《えいき》は、このようである。老臣《ろうしん》（守覚法親王）の私辞《しじ》ではない。

王法を保つためには密教に帰依し、護持僧を重んじよ、と言っている。さすがは空海《くうかい》を重用《ちょうよう》した嵯峨に相応しい言葉ではあるが、いかにも喜多院《きたいん》（北院）と称し、仁和寺御室《にんなじおむろ》第六代を務めた守覚法親王の言葉に相応しい。末尾に、これは嵯峨の御記で、自分の私辞ではないと記しているのも、かえってその史実性を弱めている。

たとえ天皇家内部で嵯峨の御記（記録したものではなく言辞で伝わったものであっても）が伝わっていたとしても（『嵯峨天子御記』や『嵯峨天皇御記』がこの部分にしか見えないことから、その可能性もほとんどないと思うが）、これを「御遺誡」とすることはできないものと考えた方がよいであろう。

一方、『真俗交談記』の方には、次のように見える。

嵯峨天皇御記云、毎月朔朝、御代鏡奉レ拭レ之、伯督所レ役也。着二浄衣一用二覆面一。但正月分朔日无二其事一。除夜聊勤仕也云々。

『嵯峨天皇御記』に云ったことには、「毎月、朔日《さくじつ》の朝、御代《みよ》の鏡を拭《ふ》き奉るのは、神祇《じんぎ》伯《はく》の督《かみ》という女官《にょうかん》が務めるものである。浄衣《じょうえ》を着して覆面《ふくめん》を用いる。但し正月の朔日には、その事は行なわない。除夜にいささか勤仕《ごんし》するのである」と云うことだ。

「御代の鏡」というのは、御代が明らかに治まるのを鏡にたとえていう語であるが、ここは皇位の象徴である神鏡《しんきょう》（八《や》咫鏡《たのかがみ》）のことであろうか。それを毎月朔日に拭く女官を指定し、正月の朔日には行なわず、大晦日のうちに拭くのである、と言っているが、神鏡が皇位の象徴とされたのはもっと後の時代のことであり、嵯峨がこれを「御記」に記したとは考えられない。ましてこれが「御遺誡」であったとすることはできない。

また、所功氏による先ほどの『平安時代史事典』の記述では、「『続日本後紀』承和九年

（八四二）七月丁未条の嵯峨の太上天皇崩伝に見える薄葬《はくそう》の遺命も遺誡の一部かと思われる」とあるが、これは天皇や上皇が死去する際の、薄葬を命じた遺詔《いしょう》であろうと思われ、この本で扱う遺誡とは性質の異なるものであろう。和田英松氏の『皇室御撰之研究』では、「天皇崩後の御大葬に就いて、予め定め置かせ給ひし御遺詔なり」と断じられている。念のためにその部分を要約して掲げておくと、次のようなものである。

太上天皇崩二于嵯峨院一。春秋五十七。遺詔曰、余昔以二不徳一、久忝二帝位一。夙夜兢々。思レ済二黎庶一。…因レ茲除二去太上之葬礼一、欲レ遂二素懐之深願一。…今生不レ能レ有二堯舜之徳一。死何用重二国家之費一。…是以欲二朝死夕葬、夕死朝葬一。作レ棺不レ厚、覆レ之以レ席、約以二黒葛一、置二於床上一、衣衾飯唅、平生之物、一皆絶レ之、復歛以二時服一、皆用二故衣一、更無二裁制一。不レ加二纒束一、着以二牛角帯一、択二山北幽僻不毛之地一、葬限不レ過二三日一。無レ信二卜筮一、無レ拘二俗事一〈謂二諡・誄・飯含・呪願・忌魂帰日等之事一。〉。夜剋須レ向二葬地一、院中之人可下着二喪服一而給中喪事上。天下吏民不レ得レ着レ服。而供二事今上一者、一七日之間、得レ服二哀経一。過レ此早釈。…一切不レ可二哀臨一。挽レ柩者十二人、秉レ燭者十二人。並衣以二麁布一。従者不レ過二廿人一。…男息不レ在二此限一。婦女一従二停止一。穿レ阬浅深縦横、可レ容レ棺矣。棺既已下了、不レ封不レ樹、土与レ地平、使二草生レ上、長絶二祭祀㆒。但子中長者、私置㆓守冢㆒、三年之後停㆑之。又雖㆑無㆓資財㆒、少有㆓琴書㆒。処分具㆓遺㆑子戒㆒。又釈家之論、不㆑可㆓絶棄㆒、是故三七・七七、各麁布一百段・周忌二百段、以㆑斯於㆓便寺㆒追福。…一切不㆑可㆑配㆓国忌㆒。毎㆑至㆓忌日㆒、今上別遣㆓人信於一寺㆒、聊修㆓誦経㆒。…終㆓一身㆒而即休。他児不㆑効㆑此。…忠臣・孝子、善述㆓君父之志㆒、不㆑宜㆑違㆓我情㆒而已。他不㆑在㆓此制中㆒者、皆以㆓此制㆒、以㆑類従㆑事。

嵯峨太上天皇が嵯峨院《さがいん》で死去した。行年五十七歳。太上天皇は次のように遺詔した。

私は不徳ながら、長期に渉り皇位を忝《かたじけな》くし、朝早くから夜遅くまで恐れ慎しみ、人民の生活を済《わた》すことを思ってきた。…そこで太上天皇としての葬儀は行なわず、平素の願いを遂げたいと思う。…生きている間に堯《ぎょう》・舜《しゅん》の徳のない者が、死後に国家に出費をかけることは全く無用である。…そこで朝に死んだら夕べに埋葬し、夕べに死んだら翌朝に葬ることとし、柩《ひつぎ》の板は厚くせず席《むしろ》で覆い、黒葛《つづら》のつるで結んで台上に置き、死体を覆う衣衾《いきん》と飯唅《はんがん》（死者の口中に含ませる玉）については平生どおりとして格別のことは行なわず、柩に納める衣服には季節の着慣れたものをもってすればよく、新たに作ることはない。飾り付けをする必要はなく、帯には宝石の類でなく簡素な牛角を用いたものを使い、山北の静かな無用の土地を選んで、三日のうちに埋葬せよ。卜筮にも、世俗のことにも拘泥《こうでい》することはない〈世俗のこととは、諡号《しごう》・誄詞《るいし》・飯唅・咒願《じゅがん》・忌魂帰日（再生を願うことか）などのことである。〉。夜になって埋葬地へ向かい、嵯峨院に奉仕していた者が喪服を着用して喪事に当たればよい。天下の役人・百姓は喪服を着用するには及ばない。今上《きんじょう》（仁明天皇）に供事する者は七日間、喪服を着し、その期間が過ぎたら脱げ。…嘆き悲しむ儀は一切不用である。柩をひく者は十二人、燭をとる者も十二人とし、いずれも粗末な衣服を着し、つき従う者は二十人を超えてはならない。…私の息子はこの員数に入れなくてよい。女子の参列は認めない。適当な深さの穴を掘り、棺が埋まればよい。柩を下したら、高く土盛はせず、樹木も植えず、平らにすればよく、草は生えるままとし、長く祭礼を行なってはならない。ただし、私の子のうち年長の者が私的に墓守を置き、三年後に停止《ちょうじ》せよ。また、私に資財はないとはいえ、多少の琴や書物はあり、子に処分するので父を偲ぶものとせよ。仏教の葬送儀礼は棄て去ることができないので、三七日《みなぬか》・四十九日にはそれぞれ粗布百段を、一周忌には二百段を用い、適当な寺で追善の仏事を行なえ。…私の忌日《きにちこ》を国忌《き》としてはならない。忌日ごとに今上は、右の追善とは別に一寺へ使者を派遣し、少

し の 誦経《ずきょう》を行なえ。…今上の一身の間、これを行ない、他の子供たちはこれに倣《なら》う必要はない。…忠臣《ちゅうしん》・孝子はよく主君・父親の志を大切にし、私の思いに背いてはならない。指示していない事柄については、遺詔の意とするところに従って処置せよ。

明らかに、自分の葬儀についての指示と、死後の措置に対する遺命である。これは子孫に対して遺した訓戒としての遺誡とは別のものであろう（これだけの遺詔を遺すというのも、それはそれですごいことであるが）。

以上、二箇条しか伝わっていない『嵯峨遺誡』であるが、嵯峨の、生真面目にして冷静、また峻厳な人柄は、この二箇条からでも十分に伝わってくる。死去に際しての「遺詔」も加えれば、なおさらである。

それはまさに、皇統《こうとう》を統一し、平安京を「万代宮《よろずよのみや》」と定めた嵯峨に相応しいものであったと言えよう。

3　嵯峨天皇と『嵯峨遺誡』

先にも触れたとおり、平城《へいぜい》とその皇統《こうとう》を葬った嵯峨《さが》とその朝廷であったが、その後の皇位継承は当初の予定どおりにはいかなかった。妃である桓武《かんむ》皇女の高津《たかつ》内親王は業良《なりよし》親王を産んだものの、後に妃を廃され、嵯峨の後継者となるはずの業良も貞観《じょうがん》十年（八六八）に死去してしまった。

結局、嵯峨は右大臣藤原内麻呂《うちまろ》（北家《ほっけ》）の女《むすめ》である夫人の緒夏《おなつ》からも子を生すことはなく、後継者である正良《まさら》親王（後の仁明《にんみょう》天皇）を産んだのは、何と橘氏出身の嘉智子《かちこ》であった。あの橘奈良麻呂《ならまろ》の孫から生まれた仁明が、嵯峨皇統の嫡流《ちゃくりゅう》となっていく。

そして仲成《なかなり》たちの式家《しきけ》を没落させた藤原北家が急速に勢力を伸張し、政界制覇の道を直進することになったのである（橋本義彦『平安貴族』）。「平城太上天皇《だいじょうてんのう》の変（薬子《くすこ》の変）」の翌弘仁《こうにん》二年（八一一）正月には蔵人頭《くろうどのとう》であった冬嗣《ふゆつぐ》が三十七歳で参議に任じられた。冬嗣は弘仁七年（八一六）に権中納言、弘仁八年（八一七）に中納言、弘仁九年（八一八）六月に大納言と、急速に昇進していった。そして弘仁九年に太政官首班の座に就いた。冬嗣は弘仁十二年（八二一）にはついに右大臣に上っている（『日本後紀《にほんこうき》』）。藤原北家の覇権は、こうして確立していったのである。

この間の経緯において、嵯峨の果たした役割は大きかった。それは嵯峨が存命していた間は平静を保っていた両皇統の均衡が、嵯峨の死の直後に破綻し、承和《じょうわ》の変が起こったことからも明らかである。

『嵯峨遺誡《さがゆいかい》』は、現在はわずか二箇条の逸文《いつぶん》しか伝わっていないが、もともとは一巻に収められるほどの分量があったことは確実である。そこには将来の天皇家、そして藤原氏、また官人層に対する、様々な遺訓《いくん》が語られていたことであろう。

そして少なくとも鎌倉中期まではそれが伝えられていたのであるが、不思議なことに、その後の平安時代の史料の中に、『嵯峨遺誡』の名は、まったく見られない。それは天皇家に秘蔵されていたものだからか、それとも次に述べる陽成《ようぜい》から光孝《こうこう》―宇多《うだ》への皇統の交替《こうたい》にともなって、光孝を始祖とする皇統が、それ以前の嵯峨の遺誡を顧みることがなくなったからか、それはわからない。

もしかすると、もともと一巻にまとめるようなまとまったかたちでの『嵯峨遺誡』が存在したのではなく、鎌倉中期までの時期に、誰かが嵯峨の遺した様々な史料にある遺誡を集成して、一巻にまとめたのかとも想像してしまう。

いずれにしても、天皇家の歴史、藤原氏の歴史に、あれほど大きな影響力を持った嵯峨ではあったが、その遺誡は広く読まれることはなく、一巻にまとめられた『嵯峨遺誡』も、いつしか散逸《さんいつ》してしまったのである。

第二章

宇多天皇と『寛平御遺誡』

1　皇統交替と宇多・醍醐天皇

仁明《にんみょう》天皇から文徳《もんとく》―清和《せいわ》―陽成《ようぜい》と、日本史上はじめて、嫡系相承《ちゃっけいそうしょう》による皇位継承が続いた。しかし、それは藤原氏の摂関《せっかん》（または大臣）の女《むすめ》を生母とする天皇であり、良房《よしふさ》・基経《もとつね》による「前期摂関政治」の幕開けを告げるものでもあった。

ところが、陽成天皇の生母である藤原高子《こうし》の政治関与を忌避《きひ》する基経によって、元慶《がんぎょう》八年（八八四）二月に陽成はわずか十七歳で退位させられてしまった。

基経は、代わって擁立する皇族として、四十三歳の高子よりも年長であることを重視した。まず承和《じょうわ》の変で廃太子《はいたいし》された六十歳の恒貞《つねさだ》親王に即位を要請し（『恒貞親王伝《つねさだしんのうでん》』『扶桑略記《ふそうりゃくき》』）、恒貞がこれを固辞すると、次いで五十五歳の時康《ときやす》親王を擁立した（光孝《こうこう》天皇）。いずれも高子を排除するためであったとされる（倉本一宏『敗者たちの平安王朝　皇位継承の闇』）。

基経は将来、女の佳珠子《かずし》が産んだ外孫《がいそん》の貞辰《さだとき》親王を擁立しようとしていたものと思われる。光孝はその年の四月、自ら勅《ちょく》を発して、伊勢《いせ》神宮の斎宮《さいぐう》と賀茂《かも》社の斎院《さいいん》を務めている二人の皇女を除く全員に姓を賜って源氏とした（『日本三代実録《にほんさんだいじつろく》』）。自己の皇子の皇位継承権を放棄したことを基経に示すという意図があったのであろう。

しかし、光孝が一代限りで終わることはなかった。即位から三年後の仁和《にんな》三年（八八七）八月、死去の四日前に基経から東宮《とうぐう》を立てることを要請された光孝は、臣籍《しんせき》に降下させていた第七皇子で二十一歳の源定省《さだみ》を親王に復して皇太子とした。そして定省親王は光孝の死去の日に践祚《せんそ》（天皇位を嗣ぐこと）して宇多《うだ》天皇となった。これによって光孝は一代限りの立場を脱し、光孝―宇多による新皇統《こうとう》が成立したのである（河内祥輔『古代政治史における天皇制の論理』）。

仁和三年十一月十七日に即位式をすませた宇多は、基経に勅書《ちょくしょ》を下して輔弼《ほひつ》を要請し、引き続いての摂政《せっしょう》を求めた（『宇多天皇御記《うだてんのうぎょき》』）。さらに二十一日に基経に詔を下し、「万機《ばんき》巨細《こさい》にわたって、百官を指揮し、案件は皆、太政大臣《だいじょうだいじん》（基経）に『関《あずか》り白《もう》し』、その後に奏し下すことは、すべて従来どおりにせよ」と命じた（『政事要略《せいじようりゃく》』）。これが関白《かんぱく》の語の初出であるが、「関り白す」と言っているのであって、まだ関白という職が確立したわけではない。これは宇多の側近で外戚《がいせき》となっていた橘広相《ひろみ》が作成したものである。

これに対して基経は、閏十一月二十六日に慣習的に辞退し、それに対する勅答《ちょくとう》が二十七日に下されたこれも広相が作成したものである。それが、自分と基経は水魚、また父子のようなものであるから、「阿衡《あこう》の任を以て、卿（基経）の任とせよ」という文言で締めくくられていたので（『政事要略』）、紛議《ふんぎ》を呼ぶこととなった。

阿衡というのは中国の殷《いん》の時代の伊尹《いいん》が任じられたという地位であるが、具体的な職掌はない。基経としては、このまま阿衡を引き受けると、自分も職掌のない名誉職に追いやられるということを言い出して、宇多を牽制《けんせい》しようとしたのであろう。権力を得ようとする広相に対する反感（嫉妬《しっと》）も、学者連中の中には満ちていたであろう。

基経は官奏《かんそう》を覧《み》ない日々が続き、政務は停滞した。翌仁和四年（八八八）六月二日に至り、宇多は先の詔を改め、広相が「阿衡」の語を用いたのは自分の本意に背いたものであるとして、「今より以後、衆務《しゅうむ》を輔行《ほこう》し、百官を指揮し、奏し下すことは、先の如く諮《はか》り稟《う》けよ」との勅を下した（『政事要略』）。宇多は、「朕は遂に志を得ず、枉《ま》げて大臣（基経）の要請に随《したが》った。濁世《だくせ》の事はこのようなものである。長嘆息《ちょうたんそく》すべきである」と日記に書き付けている（『宇多天皇御記』）。

ともあれ、こうして基経は正式に関白の任にあたることになり、広相を断罪し、女の温子《おんし》が十一月に入内《じゅだい》することで決着した（『宇多天皇御記』）。基経に屈伏した宇多は、基経存

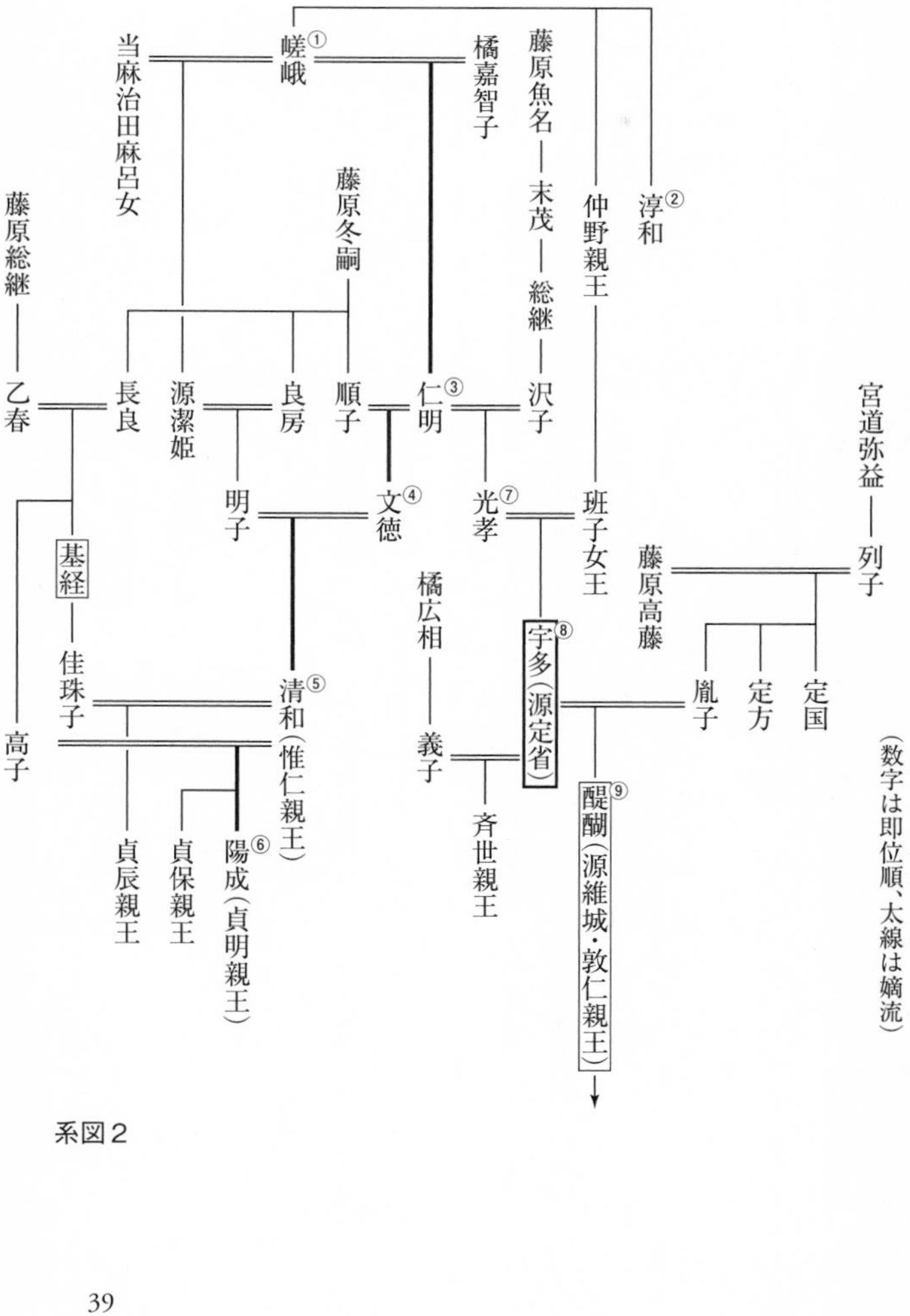
（数字は即位順、太線は嫡流）
宮道弥益
列子
定国
定方
胤子
藤原高藤
淳和②
仲野親王
班子女王
醍醐⑨（源維城・敦仁親王）
宇多⑧（源定省）
藤原魚名
末茂
総継
沢子
光孝⑦
斉世親王
橘嘉智子
仁明③
義子
橘広相
嵯峨①
文徳④
順子
藤原冬嗣
良房
明子
清和⑤（惟仁親王）
陽成⑥（貞明親王）
源潔姫
貞保親王
当麻治田麻呂女
長良
貞辰親王
基経
佳珠子
藤原総継
乙春
高子

系図2

生中は内裏《だいり》に入ることができず、東宮（雅院《がいん》）で過ごしたという（目崎徳衛『貴族社会と古典文化』）。

そして寛平《かんぴょう》三年（八九一）正月十三日、基経は死去した。五十六歳。

その後、内裏に入った宇多は、それまで天皇の居所であった仁寿殿《じじゅうでん》ではなく、清涼殿《せいりょうでん》で過ごした。宇多はあらたに関白を補すことはなかった。基経嫡男《ちゃくなん》の時平《ときひら》は、いまだ二十一歳の蔵人頭《くろうどのとう》に過ぎなかった。宇多の姻戚である藤原高藤《たかふじ》は、五十四歳に達していたが、この時点では兵部大輔に過ぎず、とても政権を任せることはできなかった。

宇多は讃岐守《さぬきのかみ》として赴任していた菅原道真《みちざね》を呼び戻して蔵人頭に補し、時平を参議に任じた。寛平五年（八九三）には時平を中納言、道真を参議に任じ、国司の受領《ずりょう》化、昇殿《しょうでん》制の成立、蔵人所《くろうどどころ》の充実、遣唐使《けんとうし》発遣計画など、後に「寛平の治」と称される積極的な国政運用がはかられた。寛平七年（八九五）には道真も中納言に上っている。

なお、宇多が即位して三年目の寛平元年（八八九）、維城《これざね》以下の宇多皇子が親王となり、維城は敦仁《あつぎみ》親王と称された。四年後の寛平五年（八九三）に立太子《りったいし》した。

そして寛平九年（八九七）、時平を大納言、道真を権大納言に任じ、七月三日に元服させた敦仁皇太子（後の醍醐《だいご》天皇）に遺誡《ゆいかい》を残して、その日に譲位《じょうい》した。これが『寛平御《かんぴょうのご》遺誡《ゆいかい》』である。君主としての心構え、政務や儀式のあり方、臣下の人物論などを細かく訓戒し、新帝醍醐の座右の銘としたものであろう。

いまだ光孝—宇多—醍醐といった血脈は、皇統の正統性を確立していなかった。宇多にとっては、藤原氏の嫡流《ちゃくりゅう》が成長する前に、醍醐を即位させて、まだ健康な自分がそれを太上天皇《だいじょうてんのう》として後見するという王権を構想したのであろう。宇多は譲位後も一箇月、内裏に居住している。

醍醐は宇多が源定省であった時代に、従五位上で左少将兼讃岐介という中級官人であった藤原高藤の女である胤子《いんし》との間に、仁和元年（八八五）に生まれた。『大鏡《おおかがみ》』によると、その時、定省は王侍従《おうのじじゅう》であったという。胤子の生母は主計頭や越後介、伊予権介を勤めていた下級官人である宮道弥益《みやじのいやます》の女である。『今昔物語集《こんじゃくものがたりしゅう》』の説話だと弥益は宇治《うじ》郡大領という地方豪族とされていて、高藤が鷹狩の帰りに雨宿りをした地方豪族の屋敷で一夜の契りを結んで懐妊《かいにん》したことにされている。

いずれにせよ、醍醐は臣籍に降下した源氏と中級官人の女との間に生まれ、自身も三歳までは源氏として過ごしていた。また、宇多の生母も桓武《かんむ》天皇の孫である班子《はんし》女王であり、醍醐は冬嗣《ふゆつぐ》—良房—基経といった摂関家に連なる藤原氏の血を、父方からも母方からも引いていなかった。臣下として生まれ、摂関家と血縁を持たないという特異な経歴を持つ醍醐に対して、これまた成人するまで臣下として過ごしていた宇多が遺したのが、『寛平御遺誡』ということになる。

譲位後の宇多は、太上天皇の尊号を受け、朱雀《すざく》院・仁和寺御室《にんなじおむろ》・亭子《ていじ》院・六条《ろくじょう》院・宇多院などに居住した。昌泰《しょうたい》二年（八九九）に仁和寺で出家し、太上天皇の尊号を辞して法皇《ほうおう》と称した。法皇の初例である。延喜《えんぎ》七年（九〇七）には熊野御幸《くまのごこう》を行なっている。

なお、亭子院は宇多女御《にょうご》の温子が領有していたが、温子が延喜七年（九〇七）に死去した後は宇多に伝領された。平安京左京七条二坊十三・十四町に所在した南北二町の離宮で、東市《ひがしのいち》の東隣に所在した。現在の西本願寺の東にあたる。延喜九年（九〇九）に時平が死去したころから、宇多は亭子院を御所として用い、亭子院歌合《うたあわせ》の舞台となった。宇多は「亭子の帝」「亭子の院」とも称される。宇多院は右京一条三坊に四町を占める邸第《ていだい》で、元は源融《とおる》の所有するところであったが、融の死後にその子の湛《たたう》が法皇に譲ったものとされる（『二中歴《にちゅうれき》』『拾芥抄《しゅうがいしょう》』）。宇多の経済拠点であったとされる。

宇多は時平や醍醐、道真よりも後まで存命し、承平《じょうへい》元年（九三一）七月十九日に仁和寺御室で死去した。六十五歳。遺骸は仁和寺から背後の大内山《おおうち》の魂殿《たまどの》に遷され、九月六日に

亭子院故地

仁和寺と大内山

茶毘《だび》に付され、拾骨することなくそのまま土を覆って陵所とした。大内山陵《おおうちやまのみささぎ》である。なお、浅野長祚《あさのながよし》が安政《あんせい》二年（一八五五）に著わした『歴代廟陵考補遺《れきだいびょうりょうこうほい》』は現陵の地（京都市右京区鳴滝宇多野谷）を示し、文久《ぶんきゅう》二年（一八六二）から慶応《けいおう》三年（一八六七）にかけて行なわれた「文久の修陵」の際に修治が加えられ、現陵の様式に整備された（『国史大辞典』戸原純一氏執筆）。

2 『寛平御遺誡』の内容

『嵯峨遺誡《さがゆいかい》』と同様、これも皇統交替《こうとうこうたい》とその定着という複雑な皇位継承といった情勢のなかで、宇多《うだ》天皇が十三歳の敦仁《あつぎみ》皇太子（後の醍醐《だいご》天皇）に遺した遺誡が、『寛平御遺誡《かんぴょうのごゆいかい》』である。平安時代末期の藤原通憲《みちのり》（法名信西《しんぜい》）の蔵書の目録である『通憲入道蔵書目録《つうけんにゅうどうぞうしょもくろく》』や、鎌倉《かまくら》時代の図書目録である『本朝書籍目録《ほんちょうしょじゃくもくろく》』には、「寛平遺誡〈一巻〉」と見えるので、もともとは一巻にまとめられていたことがわかる。

先に見た『嵯峨遺誡』が廷臣一般に向けたものであったのに対して、この『寛平御遺誡』は、明確に後継者である敦仁に対して遺したものである。天皇自身の日常心得（日中行事、勉学など）、宮廷政治の心得（年中行事、叙位《じょい》・任官《にんかん》など）のほか、具体的に登用すべき貴族や側近の名前を挙げていることからも、敦仁への政治手法の訓戒といった趣がある（『国史大辞典』藤木邦彦氏執筆、『平安時代史事典』所功氏執筆）。

日本思想大系『古代政治社會思想』で遺誡の校注を担当された大曾根章介氏によれば、鎌倉時代末期の『花園天皇宸記《はなぞのてんのうしんき》』（延慶《えんぎょう》三年〈一三一〇〉から元弘《げんこう》二年〈一三三二〉）に「聖《せい》明《めい》の遺訓《いくん》、鑑誡《かんかい》たるに足る」と見えるように（実は元亨《げんこう》二年〈一三二二〉六月五日条にこう記されているのは『寛平御記《かんぴょうぎょき》』のこと）、早くから帝王学の鑑《かがみ》として尊重され、『大槐秘抄《だいかいひしょう》』（藤原伊通《これみち》、応保《おうほう》二年〈一一六二〉以降）、『禁秘《きんぴ》抄《しょう》』（順徳《じゅんとく》天皇、承久《じょうきゅう》三年〈一二二一〉ごろ）、『誡太子書《かいたいしのしょ》』（花園上皇、元徳《げんとく》二年〈一三三〇〉）など後世の訓誡書の先蹤《せんしょう》となったという。その教訓的故実的性格から多くの文献に引用され、その逸文《いつぶん》が多数現存している。

完本は現存しないが、平安中期以降の諸書に逸文が引用されている。その主要逸文を集めて並べたとみられる写本（原本の残欠とは考えがたい現行流布本の祖本）が承安《しょうあん》二年（一一七二）以前に成立しており、他の拾遺逸文と組み合わせてみると、ほぼ原形を想定しうるとされる（『平安時代史事典』所功氏執筆）。

以下、『寛平御遺誡』の本文に仮に番号を付けて原文と現代語訳を示し、それぞれ解説を加えていくが、日本思想大系『古代政治社會思想』に収められた尊経閣文庫《そんけいかくぶんこ》本を底本とした十九条（日本思想大系で付された番号を付す）に、逸文二十二条（うち一条は、私が見つけたもの）を含めた本文を見ていくこととする。適宜、『群書類従《ぐんしょるいじゅう》』を底本とした山本眞功編註『家訓集』（東洋文庫）との本文の異同を参照する。

一

供二朝膳一申時。□

巳《み》刻に朝膳《ちょうぜん》を供する。申《さる》刻に夕膳《ゆうぜん》を供する。

第一条は、食事の時刻についてである。実は底本には「朝膳」以前の文はなく、「申時」以降は虫損《ちゅうそん》していて、尊経閣文庫本も『群書類従』本も判読できないのであるが、『禁秘抄』に、「『遺誡』に、『朝膳は巳時である』『朝は巳時、夕は申時である』ということが、『寛平遺誡』にある」と引用されていて、朝膳の時刻や「申時」以降の文も推測できる（『古代政治社會思想』大曾根章介氏校注）。

巳刻は現在の午前九時から十一時、申刻は同じく午後三時から五時であるから、我々の感覚から見ると、朝飯は遅いなあ、夕飯は早いなあという感じであるが、後に述べる『九《く》条《じょう》右丞《うしょう》相《じょう》遺誡《ゆいかい》』にもあるように、当時は朝起きたら朝膳の前に粥《かゆ》を食べていたから、朝膳は実質、二食目になるのである。

また、当時の粥は、強飯《こわいい》（米を蒸して作った飯。こわめし、おこわ）に対する姫飯《ひめいい》（釜で粳《うるち》米《まい》を炊いた飯）であるから、我々のごはんとほぼ同じものである。まさかごはんだけ食べたわけではないであろうから、様々なおかずも付いていたはずである。つまり我々の朝食とほとんど同じものをすでに食べていて、昼前に二食目、午後に三食目を食べたことになる。

さらには、夜には様々な儀式が行なわれ、それに饗《きょう》宴《えん》が付随していた。饗宴ではそれこそ膨大な種類の膳が供されたから、実質四食、しかも当時の酒も含めて、高カロリーで高炭水化物の食事を続けていたことになる。

当時の天皇がおおむね短命であったことの原因は、幼い頃から毎晩のように子作りに励んでいたことに加え、このような食生活も影響していたものと思われる。もちろん、運動不足や天皇としてのプレッシャーやストレスもあったであろうが。

ともあれ、宇多は敦仁に、第一に食事の時刻を訓戒しているのである。その意図は、如何なものだったのであろうか。

天皇の食事について研究された佐藤全敏氏によれば、九世紀末期まで天皇は律令国家の君主として、日々、隋唐《ずいとう》様式の八盤からなる正格な食事方式を実践していたという（佐藤全敏『平安時代の天皇と官僚制』）。この朝夕御膳も、多分に儀式的要素の強かったものであったのだろう。つまり宇多は、敦仁に一般的な食事に関する訓戒を遺したのではなく、天皇としての正格な儀式としての食事の仕方を、その時刻について訓戒していたのである。「申時」以降の虫損した箇所には、さらに詳しい食事に関する儀式が訓戒されていた可能性が高い。

二

衛府舎人。以上陣直超レ倫、声誉遍聞者、昇転叙位、及兼国貢物、勿レ拘二掌例一。唯忌二婦人之口・小人之挙一耳。

衛府《えふ》の舎人《とねり》。以上、陣直《じんちょく》が同輩《どうはい》に超え、声望が広く聞えている者は、昇転《しょうてん》や叙位、および兼国《けんごく》や賞物《しょうぶつ》は、通常の例に拘《かか》わってはならない。ただ婦人の口や小人《しょうじん》の挙動を忌むだけである。

第二条は、衛府の舎人の昇進に関わる訓戒。ただし、「衛府の舎人」の次に、「以上」とあるので、もともとは様々な下級官人を列挙していて、その末尾が「衛府の舎人」であった可能性が高い。

衛府というのは、宮城の守衛にあたった軍隊で、当時は左右近衛府《このえふ》・左右兵衛府《ひょうえふ》・左右衛門府《えもんふ》からなる六衛府制となっていた。舎人はそれぞれの衛府の下級官人で、護衛や雑役を務めた。

陣直は内裏《だいり》や大内裏《だいだいり》の諸門（衛府によって門が定められている）で護衛にあたること。古記録《こきろく》を読んでいると、連中はしばしば陣直を懈怠《けたい》し、執政者から勘当《かんどう》（勘気《かんき》を蒙《こうむ》って出仕《しゅっし》を止められること）されていたりする。

ここでは勤務状況が真面目で、評判のいい舎人は、昇任・転任、叙位、また兼国（国司《こくし》を兼任すること）や賞物（褒賞）は、通例にかかわらずに行なうようにと命じている。なお、『家訓集』では「賞物」を「貢物」としているが、文意から考えて、「賞物」の方が適切であろう。
それに続けて、婦人の口や小人（徳のない品性の卑しい人）の挙動を忌むよう、戒めている。婦人や小人の介入を非とする価値観は、古代中国以来の倫理を受け継いだものであろう。

三

諸司・諸家等所レ申季禄・大粮・衣服・月料等、或入二官奏一、或就二内給一、申二不動・正税等一。雖レ令レ勘二中国中帳遺一、或遠年帳難レ為レ実。今須二不動者一切禁断、正税者随レ状処分一。若必用二不動一者、即後年全令二委填一不レ可レ忘。此事当時執政所レ可二進止一也。雖レ然存二於内心一補二万分一一。努力々々。

諸司《しょし》や諸家が申請した季禄《きろく》・大粮《たいろう》・衣服《えぶく》・月料《げつりょう》などは、或いは官奏《かんそう》に入り、或いは内給《ないきゅう》に付して、不動穀《ふどうこく》や正税《しょうぜい》などを申請する。国の中の正税帳《しょうぜいちょう》の残高を勘申《かんじん》させるといっても、或いは遠い年の帳は事実とするわけにはいかない。今、不動穀は一切、禁断し、正税は状況に応じて処置するように。もしも必ず不動穀を用いるときは、後年にすべて補填《ほてん》させて、忘れてはならない。この事は、その時々の執政者が処置しなければならないところである。そうとはいっても、内心に考えるところがあるときは、万分の一を補え。きっと、きっと。

第三条は、諸司や諸家の給与に関する訓戒。季禄は文武の職事官《しきじかん》（官位令《かんいりょう》に定められている官）に対して二月と八月に支給される禄、大粮は中央諸官司に属して働く衛士《えじ》・仕丁《しちょう》・采女《うねめ》・女丁《にょてい》・廝丁《しちょう》らに支給された食料（米・塩や布・綿）、衣服は時服料《じふくりょう》のことで夏冬の二季の衣服の料に充てるために朝廷が給付する絁《あしぎぬ》・布・鍬・鉄など、月料は官人に支給された食料（米）のこと。

これらの支給については、官奏（国政に関する重要文書を天皇に奏上《そうじょう》し、その勅裁《ちょくさい》を受ける政務）や内給（天皇の年給《ねんきゅう》）によって、不動穀（非常用に諸国に備蓄された穀物）や正税（諸国の郡に備蓄した田租《でんそ》）を申請せよと訓戒している。

不動穀は本来は備荒用の備蓄であるから、これを官人の給与に充当してもよいものかと思うが、宇多は、不動穀の使用は禁断し、正税は状況に応じて処置するよう命じている。万一、不動穀を使用した際は、後年に必ず補填するよう、付け加えている。

これらの訓戒は、官人の給与が万全に支給されなくなった時代を背景としているが、さらに重要なのは、これらの措置は執政者が処置すべきものとしているものの、天皇が内心に考えるところがあるときには、万分の一を補えと訓戒している点である。

この態度は、摂関《せっかん》・大臣などの執政者と天皇の政治的関係を考えるうえで、きわめて示唆に富むものである。日常的な政務に関しても、執政者と天皇の関係は、このようなものだったのではないだろうかと想像してしまう。

四

斎宮者、出在二外国一。用途雖レ繁、料物不レ足。随二其申請一量宜二進止一。唯寮司能々可二選任一レ之。斎院者、種々雑物式例雖レ具、其於二用度一不レ足二十分之一一、特加二相労一。不レ可レ忘レ之。大略仰二菅原朝臣・季長朝臣一畢。可レ令下彼両人検中校之上。

伊勢斎宮《いせのさいぐう》は、都を出て、外国《げこく》（畿外《きがい》）にいる。その費用は多いとはいっても、料物《りょうもつ》は不足している。その申請に随って、量って処置するように。ただし斎宮寮《さいぐうりょう》の官人は、よくよく選んで任じるように。賀茂斎院《かものさいいん》は、種々の雑物は式の例に明記しているとはいっても、その費用については十分の一にさえも足りないので、特にまた努力せよ。

斎宮寮模型（三重県立斎宮歴史博物館）

忘れてはならない。大体は菅原《すがわらの》朝臣《あそん》（道真《みちざね》）と（平）季長《すえなが》朝臣に命じておいた。この両人に点検させよ。

第四条は、伊勢神宮の斎宮と賀茂社の斎院の費用についての訓戒。斎宮と斎院は、原則的に天皇の皇女がそれぞれ祭祀《さいし》を奉仕した。斎宮は七世紀以来、伊勢に下向し、天皇の死去や譲《じょう》位《い》によって交替するが、斎院は九世紀に始まり、京中にいて、天皇の代替わりに際しても交替することはなかった。

ここでは、それぞれの費用の不足について、処置するよう命じている。菅原道真と平季長に点検させるよう、特に指名している。なお、『家訓集』では「雑物式」を「雑物蔵」としているが、文意から考えて、「雑物式」の方が適切であろう。

道真については後に詳しく述べるが、季長は高棟《たかむね》流桓武《かんむ》平氏（公家平氏）の祖である大納言平高棟の四男。宇多に重用《ちょうよう》され、寛平《かんぴょう》三年（八九一）に蔵人、寛平八年（八九六）に蔵人頭《くろうどのとう》に補され、側近として宇多の政治改革を支えるかと思われたが、翌寛平九年（八九七）に卒去してしまった（倉本一宏『平氏 公家の盛衰、武家の興亡』）。

早くから同じ宇多天皇側近の道真と親交を持ち、道真から「宮中に要須《ようす》の人である」と評された（『菅家文草《かんけぶんそう》』）。仁和《にんな》四年（八八八）の阿衡《あこう》の紛議《ふんぎ》の際には、道真とともに意見書を提出している。

なお、季長の死によって、宇多上皇の政治力は大きな打撃を受け、やがて延喜《えんぎ》元年（九〇一）の道真の失脚につながることとなる。

五

諸国権講師・権検非違使等、朕一両許レ之、不レ可レ為レ例。□□読師随二孟冬簡定一可レ任二諸階業僧等一。□□□□□事妨レ之。二三度朕失レ之。新君慎レ之。

諸国の権講師《ごんのこうじ》と権検非違使《ごんのけびいし》などは、朕（宇多天皇）は一、二ほど許したけれども、先例としてはならない。□□読師《どくし》は十月の選定に随って、様々な課試を経た僧たちを任じるように。□□□□□ことを妨げた。二、三度、朕は誤った。新君（醍醐天皇）は注意せよ。

第五条は、まずは諸国に置かれた講師と検非違使の権官《ごんかん》についての訓戒。講師は諸国の国分寺《こくぶんじ》に置かれ、その国の僧尼を監督し、説教や国家繁栄を祈念した僧職、検非違使はここでは国検非違使のことで、諸国に置かれた臨時の検非違使。斉衡《さいこう》二年（八五五）が初見。

これらに権官（正官の他に置かれた権《かり》の官）を置くかどうかで、宇多は敦仁に、置いてはならないと訓戒している。

その後、□□読師について、訓戒している。読師というのは諸国の国分寺に講師とともに一人置かれた僧官。虫損があって、二文字ほど読めないが、これも権読師のことかもしれない。階業《かいごう》といって、試業《しごう》・複講《ふくこう》・維摩《ゆいま》竪義《りゅうぎ》・夏講《なつこう》・供講《くこう》などの段階をとって定められた僧侶の課試次第を経た僧を任じるよう命じている。「二、三度、朕は誤った」とあるから、宇多はそうでない僧を任じたことがあり、これを反省している。

しかし、地方でこれらの条件を満たす僧が、そうそういるとも思えない。読師についても権読師のことと考えるならば、権講師や権検非違使と同様、むやみに員数を増やすことを戒めているのかもしれない。

六

内供奉十禅師・□□寺定額僧等之欠、必用㆓本寺選挙㆒、不㆑可㆔輙許㆓前人之譲・妄他所之嘱㆒。若

有二知徳普聞、戒律令□□□□□一問許レ之。不レ可レ失レ之。

内供《ないぐ》奉《ぶ》十禅師《じゅうぜんじ》や□□寺の定額僧《じょうがくそう》の欠員は、必ずしも本寺の推挙を用いたり、たやすく前任の人の譲りを許したり、みだりに他の所の依頼を許してはならない。もし智徳《ちとく》が広く聞こえ、戒律《かいりつ》を□□□□□させた者がいれば、問うて許せ。誤ってはならない。

第六条は、高僧についての訓戒。内供奉十禅師は宮中で天皇の安穏を祈る僧官、定額僧は大寺《だいじ》（官寺《かんじ》）・国分寺・定額寺《じょうがくじ》・御願寺《ごがんじ》など特定寺院に常住して御願を修すべく置かれた一定数の僧のこと。

これらの欠員が生じても、属する寺や前任者や他所の推挙によってあらたに任じてはならないと命じている。智徳（知恵と徳行）の評判があり、戒律（僧に対する規律）を守っている者を問うて、任じるようにと訓戒している。

ということは、そうでない者が、コネで任じられる例が多かったということであろう。

七

外蕃之人必可㆓召見㆒者、在㆓簾中㆒見㆑之。不㆑可㆓直対㆒耳。李環朕已失㆑之。新君慎㆑之。

外蕃《げばん》（海外）の人でどうしても召して会わなければならない者は、必ず簾中《れんちゅう》にいて会うように。直接対面してはならないばかりである。李懐《りかい》については、朕（宇多天皇）はすでに誤ってしまった。新君（醍醐天皇）は注意せよ。

第七条は、外国人との接触に関する有名な訓戒。外蕃というのは外国を卑しんでいう言葉で、「小帝国」を標榜《ひょうぼう》していた律令国家の名残である。名目上、日本の天皇は周辺国の上位に立っていたから、このような表現を用いていたのである。

『日本紀略《にほんきりゃく》』寛平八年（八九六）三月四日条に、「唐人梨（李《り》）懐《かい》が、召しによって入京した」とある記事が、この訓戒と関わるのであろう。本当に宇多がこの李懐と直接面会したのかはわからないが、『源氏物語《げんじものがたり》』「桐壺《きりつぼ》」に、「宮中に外国人をお召しになることは宇多の帝の御戒めがあるので、とくに内密にして……」とあるように、宇多のこの戒めが、後世まで語り継がれたのである。

「清浄《せいじょう》」な「神域《しんいき》」である日本と、その外の「汚穢《おわい》」に満ちた「異域《いいき》」、という図式（王《おう》土《ど》王民《おうみん》思想）は、深く日本列島住民の心理に根ざしてしまい、日本の清浄の中核である天皇は、穢《けが》れた異国人と接触してはならないと考えられるに至った。

そして後世、異国人との接触自体も穢れであると認識されるようになった。後に後白河《ごしらかわ》法皇が福原《ふくはら》で宋《そう》人を接見《せっけん》した際には、貴族たちは「天魔《てんま》の所為《しょい》か」と記しておののいており（『玉葉《ぎょくよう》』）、その後、天皇が外国人と会うことは、明治《めいじ》天皇に至るまで見られなかったのである。

そうした発想が、いつも異国からもたらされる疫病《えきびょう》に対する恐怖も相まって、国民全体に浸透してしまったことの影響は、きわめて大きなものであった。

八

諸国新任官長請㆓中任用㆒者、或掾、或目、医師・博士等、総不㆑可㆑許㆑之。唯諸司・諸所有㆑労之中、為㆓他人㆒被㆑遍㆔知堪㆓其用㆒者、量㆑状許㆑之。若不㆓分明㆒者亦忌㆑之。莫㆑忘莫㆑怠。

諸国の新任の官長《かんちょう》に任用を申請する者は、或いは掾《じょう》、或いは目《さかん》、医師《くすし》や博士《はかせ》について、すべて許してはならない。ただ諸司や諸所で規定の年数を勤務した実績が有る者の中で、他人から広くその仕事に堪えられることを知られている者は、状況を考えて許せ。
もし分明ではない者は、また忌め。忘れてはならない、怠ってはならない。

第八条は、諸国の新任の長官（守《かみ》）に対する訓戒。第三等官の掾や第四等官の目といった任用国司《にんようこくし》、また国医師《くにいし》（国ごとに置かれた国学《こくがく》において、庶人から選ばれた医生《いしょう》に医学を教授し、課試を行ない、診療のことにあたった教官兼技官）や国博士《くにはかせ》（国ごとに置かれた国学において、郡司《ぐんじ》の子弟より選ばれた学生《がくしょう》に経学を教授し、課試を掌《つかさど》った教官）について、よほどのことがない限り、任用を許してはいけないと命じている。

当時、これらは地方の有力者が申請する地位であったから、中央から派遣された守と地方の有力者が癒着《ゆちゃく》することを戒めたものであろう。ただし、十分な実績があり、加えて評判のよい者は、状況によっては許せと言っているから、ちゃんと例外規定は設けていることになる。

九

有憲不レ可二昇殿一之状、去年引二神明一附二定国一、申遂已畢。莫レ忘レ之。

有憲《ありのり》を昇殿《しょうでん》させてはならない事情は、去年、神明《しんめい》を引いて（藤原）定国《さだくに》に託して、すでに申し遂げておいた。忘れてはならない。

第九条は、有憲（伝不詳）という官人を昇殿（天皇の側近として内裏清涼殿《せいりょうでん》の殿上間《てんじょうのま》に出入りすることを許されること）させてはならないという訓戒。宇多は外戚《がいせき》（醍醐生母胤子《いんし》の同母兄で、藤原高藤《たかふじ》の一男）の定国にも、これを神盟《しんめい》して訓戒したという。なお、昇殿制は宇多天皇の頃に確立したとされる。

どうして有憲がこれほど宇多に忌避《きひ》されたのかはわからないが、重要なのは、この御遺誡《ごゆいかい》が、官人の具体的な人事にまで言及していることである。はたして当の有憲は、このことを知っていたのであろうか。

十

莫レ淫二万事一。責レ躬節レ之。可レ明二賞罰一。莫レ迷二愛憎一。用二意平均一、莫レ由二好悪一。能慎二喜怒一、莫レ形二于色一。

すべてのことに度を過ごしてはならない。自分の過ちを責めて適宜にせよ。賞罰《しょうばつ》を明らかにしなければならない。愛憎《あいぞう》に迷うことがあってはならない。心に均一を用いて、好悪《こうお》によってはならない。よく喜怒《きど》を慎しんで、顔色《がんしょく》に表わすことがあってはならない。

第十条は、気持ちの持ちように関する訓戒。原文は「淫することなかれ」。度を過ぎて熱中したりおぼれたりしてはいけないと命じている。自分の過ちを責めること、賞罰を明らかにすること、愛憎に迷わないこと、好悪によらないこと、喜怒を顔色に表わさないこと、具体的に列挙している。

たしかに、天皇がこれらのことを行なえば、臣下は動揺するに違いないし、特に喜怒を顔色に出せば、皆はいつも天皇の顔色を窺って生きなければならなくなる。しかし裏返せば、人間は得てしてこのような行為を行ないがちであるし、実際にもこのような天皇が多かったのであろう。

十一

左右近衛将監叙レ位之事、追二昔例一、左右逓隔年叙レ之。而今叙レ位之事不二必毎一レ年。宿衛之勤殊倍二他府一。始レ自二舎人一至二判官一者、積二四五十年一、殆難レ待二其運一。今須下復二近代之例一、毎レ有二儀式之叙位一、左右共叙上レ之。将レ励二宿衛之人一。新君慎レ之。

左右の近衛将監《このえのしょうげん》を五位に叙爵《じょしゃく》することは、昔の例を見てみると、左右近衛府を互いに隔年に叙していた。ところが今は位に叙すことは、必ずしも年毎ではない。宿衛《しゅくえい》の勤めは特に他の衛府に倍している。近衛舎人《このえのとねり》から始めて将監に至るまでは、四、五十年を積んでも、ほとんどその運を待つことは難しい。今、是非とも近代の例に復して、儀式の叙位が行なわれるたびに、左右近衛府を共に叙すように。宿衛の人を励まそうとするのである。新君（醍醐天皇）は注意せよ。

第十一条は、個別具体的な人事に関する訓戒である。左右近衛府の第三等官である将監を五位に叙爵することについて命じている。近衛府は天皇側近の武官として、他の衛府よりも重要な存在であった。『延喜《えんぎ》式《しき》』では、内裏内郭《ないかく》の閤門《こうもん》の開閉、閤門内の警衛《けいえい》、内裏の宿衛、京中の巡検《じゅんけん》、行幸《ぎょうこう》時の警固《けいご》などが規定されていた（『国史大辞典』笹山晴生氏執筆）。

その将監の五位への叙爵は、以前は左右近衛府を互いに叙していたが、今は必ずしも年毎ではないという現状を伝えたうえで、近衛将監の職務は他の衛府よりも激しいという理由で、以前の例に復して、叙位が行なわれるたびに、左右近衛府を共に叙すよう命じている。

しかしそれにしても、近衛舎人は近衛府の武力の基幹となる舎人で、『延喜式』による定数は、左右各六百人であった。式部《しきぶ》・兵部《ひょうぶ》両省の位子《いし》・留省《るしょう》（資格がありながら官職に就けない者）・勲位《くんい》で弓馬の技に優れた者、および蔭子孫《おんしそん》（父祖の蔭により種々の特権を与えられた者）・外考《げこう》（外位《げい》に叙された者）・白丁《はくてい》（外六位〜八位の子、内外初位《そい》の子、無位《むい》の子、および官仕していない庶民）などから、府の試を経て補任された。

その近衛舎人から出身して将監に至るまでは、四、五十年の功を積んでも、ほとんどその運を待つことは難しいとあるが、貴族社会の最末端に連なる下級官人の悲哀を見るようで、何とも痛ましい。当時は平均寿命が現在よりもはるかに低かったから、近衛舎人として四、五十年も勤め続けることは、ほとんど不可能だったのである。

十二

内侍所者、有司已存。唯宮中之至難者、是後庭之事。今須其方雑事、御匣殿・収殿・糸所等事者、定国朝臣姉妹近親之中、可レ堪二其事一者一両人、一向行事。日給之物等第之類、総可二処分一。洽子朝臣自レ昔知二糸所之事一。□□之間、猶レ令二兼知一レ之。息所菅氏・宣旨滋野等者、日々出二居女房之侍所一、行二蔵人等日給之事一、兼正二進退礼儀一。至下有二更衣一之時上、又加二教正・礼節一。其更衣・蔵人随レ事給二賞物一、依レ功授二官爵一之事、皆悉可二執奏中行一也。菅氏是好省二煩事一之人也。宣旨又寛緩・和柔之人也。激二励各身一令レ勤二仕之一。新君慎レ之。

内侍所《ないしどころ》は、女官《にょうかん》がすでにいる。ただ宮中で難しいものは、これは後宮《こうきゅう》のことである。今、是非ともその方面の雑事は、御匣殿《みくしげどの》・収殿《おさめどの》・糸所《いとどころ》などについては、定国朝臣の姉妹や近親の中で、その事に堪えることのできる者一、二人に、ひたすら従事させるように。毎日、出勤する者などの評定の類は、すべて処置するように。（姓不明）洽子《こうし》朝臣は、昔から糸所のことを関知している。□□の間、やはり兼ねて関知させよ。御息所《みやすどころ》菅氏《かんし》（菅原衍子《えんし》）と宣旨《せんじ》滋野《しげの》（名不明）は、日々、女房の侍所《さむらいどころ》に出入りして、女蔵人《にょくろうど》たちの出仕について行ない、兼ねて進退の礼儀を正せ。更衣《こうい》がいる時については、また教正《きょうせい》・礼節《れいせつ》を加えよ。それ更衣や女蔵人は、事に随って賞する物を給い、功績によって官爵《かんしゃく》を授けることは、皆、すべて奏上して申し行なうように。菅氏はこれはよく煩しいことを省く人である。宣旨はまた、心が寛く柔和な人である。各々の身を激励して、勤仕《ごんし》させよ。新君（醍醐天皇）は注意せよ。

第十二条は、内侍所をはじめとする後宮についての訓戒。内侍所は神鏡《しんきょう》（八咫鏡《やたのかがみ》）を安置した賢所《かしこどころ》（温明殿《うんめいでん》の南の神殿）のことも指すが、ここは後宮十二司《こうきゅうじゅうにし》のうち最大規模の宮人を擁する内侍司《ないしし》のことである。

御匣殿は貞観殿《じょうがんでん》の中にあって女官が天皇の装束の裁縫、入浴・洗髪の奉仕、身のまわりの世話にあたった所、収殿は納殿のことで、内裏では累代の御物は宜陽殿《ぎようでん》、恒例の御物は蔵人所《くろうどどころ》と綾綺殿《りょうきでん》、紙や屏風は仁寿殿《じじゅうでん》に納め、これらすべてを納殿と称した（『平安時代史事典』岩田由美子氏執筆）。糸所は中務省《なかつかさしょう》縫殿寮《ぬいどのりょう》の別所で、采女町《うねめまち》の北に位置していた。天皇の御服と賞賜の衣服裁縫の監督を取り扱った。

この三箇所については、外戚である定国の近親の者一、二人に従事させるよう命じている。天皇の身のまわりのことについては、外戚の女官が管掌するということが、いつから始まったのか、明らかではないが、その起源における政治状況を想像すると、きわめて興味深い。

ついで具体的な人名を挙げている。洽子は昔から糸所のことを関知しており、御息所（天皇の寝所に侍る宮女）の菅原衍子と宣旨（上﨟の女房）滋野は、女房の侍所に出入りして、女蔵人（雑用を務める下級女房）の出仕を管理し、進退の礼儀を正すよう命じている。更衣は天皇の衣替えの用を務め、天皇の寝所に侍る女官（兼下級后妃《こうひ》）。更衣には教正や礼節も掌らせるよう命じている。

そして菅原衍子は煩しいことを省く人で、滋野は心が寛く柔和な人であるとして、激励して、勤仕させるよう命じている。「煩しいことを省く人」って、どういう人なんだろうかと考えてしまう。これら後宮の女官にまで、自らの側近の名を挙げ、それらを重用するよう命じられた醍醐は、これに素直に従ったのであろうか。

なお、菅原道真が衍子などの女《むすめ》を天皇家に后妃として入れて外戚の座を志向しているが、それが後の左遷につながったことは、後に述べる。

十三

中重北西廊、采女々孺等、各為㆓曹司㆒、居住如㆑家、代々常有㆓失火之畏㆒。雖㆑然遂不㆑得㆓追却㆒。今須㆘毎㆑夜蔵人・殿上人、可㆑堪㆓其事㆒者一人、差㆓加蔵人所人一両㆒、令㆖㆓巡検㆒。不㆑可㆑怠㆑之。又宮中人々曹司坪々等、凡下之人常致㆓破壊㆒。須㆘五日一度、同遣㆓殿上人㆒令㆗巡検警誡㆖。新君慎㆑之。

内裏の北西の廊は、采女や女孺《にょじゅ》たちが、各々曹司《ぞうし》として、居住することは家のようで、代々、常に失火の恐れがある。そうとはいっても、遂に追却《ついきゃく》することはできなかった。今、是非とも夜毎に蔵人や殿上人《てんじょうびと》で、その事に堪えることのできる者一人に、蔵人所の人一、二人を加えて巡検させるように。怠ってはならない。また、宮中の人々の曹司の坪々は、下人《げにん》どもが、常に破壊を行なう。是非とも五日に一度、同じく殿上人を遣わして巡検し、警誡させるように。新君（醍醐天皇）は注意せよ。

第十三条は、采女（天皇の食膳に奉仕した下級女官）や女孺（堂上の掃除、灯油のことなど雑用を務めた下級女官）の居所についての訓戒。彼女たちが内裏の北西廊を曹司（宮中に設けられた官人や女官のための部屋）と称して居住しており、失火の恐れがあるので、蔵人や殿上人に巡検させるよう命じている。

実際、宇多や醍醐の時代は内裏焼亡は起きなかったが、村上《むらかみ》天皇の代以降は、失火や放火によってしばしば焼亡している。この時代はまだ、このような警備が行き届いていたということであろう。

もっとも、若い（とは限らないが）女官が集まって居住している場所に、若い（とは限らないが）蔵人や殿上人が巡検しに来たら何が起こるか、容易に想像が付く。

また、宮中の人々の曹司は、下人どもが常に破壊を行なうから、殿上人に巡検させるよう命じている。まさか実際に破壊されることがあったとは思えないが、宇多や醍醐の時代には、このようなことにまで気を配っていたのであろう。

十四

左大将藤原朝臣者、功臣之後。其年雖㆑少、已熟㆓政理㆒。先年於㆓女事㆒有㆑所㆑失、朕早忘却不㆑置㆓於心㆒。朕自㆓去春㆒加㆓激励㆒令㆑勤㆓公事㆒。又已為㆓第一之臣㆒。能備㆓顧問㆒而従㆓其輔道㆒。新君慎㆑之。

左大将《さだいしょう》 藤原朝臣（時平《ときひら》）は、功臣《こうしん》の後裔《こうえい》である。その年は若いといっても、すでに政務に熟達している。先年、女《おんな》（在原 棟梁《ありはらのむねはり》の女《むすめ》、藤原国経《くにつね》室）のことについて失敗したことがあったが、朕（宇多天皇）はすぐに忘却して、気にすることはなかった。朕は去年の春から激励を加えて、公事《くじ》を勤めさせた。また、すでに第一の臣である。よく顧問に備えて、その輔導《ほどう》に従え。新君（醍醐天皇）は注意せよ。

第十四条から第十六条は、具体的な名前を挙げて、醍醐の朝廷を支えるべき人々を指定している。宇多が譲位した寛平九年七月三日の時点で、ただ一人の大臣であった右大臣源能有《よしあり》はすでに六月八日に死去している。六月十九日にただ一人の大納言に任じられた二十七歳の時平は、廟堂《びょうどう》の第一人者になっていたのである。なお、同じ六月十九日に源光《ひかる》と道真が権大納言に任じられている。

まずは時平を敦仁の顧問とし、その輔導に従うよう訓戒しているのは、その序列からして当然のことであろう。時平は基経《もとつね》の嫡男《ちゃくなん》で、母は仁明《にんみょう》天皇皇子人康《さねやす》親王の女である。

「女のことについて失敗したこと」というのが気になるが、あるいはこれは、『今昔物《こんじゃくもの》語集《がたりしゅう》』巻第二十二「時平の大臣《おとど》、国経大納言の妻《め》を取る語 第八」で語られた事件を指しているのであろうか。在原棟梁（業平《なりひら》の一男）の女である（説話では）やっと二十歳を越えるくらいであった本院侍従《ほんいんのじじゅう》は（説話では）八十歳近くになる藤原国経（長良《ながら》の一男、時平の伯父にあたる）の妻となり、滋幹《しげもと》を産んだ。ところが好色で有名であった左大臣時平（三十歳ぐらいの時のことと設定している。時平が左大臣に任じられたのは二十九歳の昌泰《しょうたい》二年〈八九九〉のこと。この年、国経は七十二歳）はこの妻をものにしたいと思い、正月に国経邸を訪問した。宴が終わって、時平は特別な引出物《ひきでもの》が欲しいと国経に伝えた。国経は自分の持ち物の中でもっとも優れたものはこの妻だと思い、酔いに任せてこの妻を時平に渡してしまう。国経は妻に、「私の事を忘れないでほしい」と言ったが、妻は年寄りの国経に辟易《へきえき》していたとある。実際にあった話かどうかわからないが、これを母を奪われた子の滋幹の立場から描いたのが、谷崎潤一郎の『少将滋幹の母』である。

逆に時平が何か女性に関することで失敗したことに尾鰭《おひれ》が付いて、この説話が形成されたとも考えられるのだが、宇多はこれを許して、時平を重用している。基経の嫡男なのであるから、当然と言えば当然なのであるが。

この時平を第一の臣として重用し、その輔導に従うよう敦仁に命じているのであるが、それが後の道真の失脚につながるとは、宇多もこの時点では思っていなかったであろう。

十五

右大将菅原朝臣是鴻儒也。又深知二政事一。朕選為二博士一、多受二諫正一。仍不次登用以答二其功一。加以朕前年立二東宮一之日、只与二菅原朝臣一人一論二定此事一〈女知尚侍居レ之。〉。其時無二共相議者一人一。又東宮初立之後、未レ経二二年一、朕有二譲位之意一。朕以二此意一密々語二菅原朝臣一。而菅原朝臣申云、如レ是大事自有二天時一。不レ可レ忽不レ可レ早云々。仍或上二封事一、或吐二直言一、不レ順二朕言一。又々正論也。至二于今年一、告二菅原朝臣一以二朕志必可レ果之状一。菅原朝臣更無レ所レ申、事々奉行、至二于七月一可レ行之儀人口云々。殆至二於欲レ延二引其事一、菅原朝臣申云、大事不二再挙一。事留則変生云々。遂令二朕意如レ石不レ転。総而言レ之、菅原朝臣非二朕之忠臣一、新君之功臣乎。人功不レ可レ忘。新君慎レ之云々。

右大将《うだいしょう》 菅原朝臣（道真）は、これは大学者である。また深く政事《まつりごと》を知っている。朕（宇多天皇）は選んで博士として、多く諫正《かんせい》を受けていた。そこで破格に登用し、それでその功績に応えた。それのみならず、朕が前年に新君（醍醐天皇）を東宮に立てた日は、ただ菅原朝臣一人とこの事を論じて定めた〈女官で知っているのは尚侍《ないしのかみ》（姓名不詳）がそこにいた。〉。その時、共に議した者は、一人もいなかった。また、東宮が初めて立った後、二年を経ないのに、朕が位を譲ろうという意志があった。朕はこの意志を密々に菅原朝臣に語った。ところが菅原朝臣が申して云ったことには、「このような大事は、自らに天道《てんどう》の時宜《じぎ》があります。ゆるがせに行なってはなりません。早く行なってはなりません、云々」と。よって或いは封事《ふうじ》を上奏《じょうそう》し、或いは直言を吐いて、朕の言葉に従わなかった。またまた正論である。今年（寛平九年）に至って、菅原朝臣に告げたことは、朕の意志を必ず果たすということであった。菅原朝臣は、更に申すところはなく、事々に奉行《ぶぎょう》した。七月に至って譲位を行なうであろうとのことは、人の口にあれこれ批評された。ほとんどその事を延期しようと思っていた時に至って、菅原朝臣が申して云ったことには、「大事は再び取り挙げるわけにはいきません。事を留めた際には、変事が生じます、云々」と。遂に朕の意志を石のように転がらせなかった。すべてこれを言うと、菅原朝臣は朕の忠臣《ちゅうしん》であるのみにあらず、新君の功臣ではないか。人の功績は忘れてはならない。新君は注意せよ、云々。

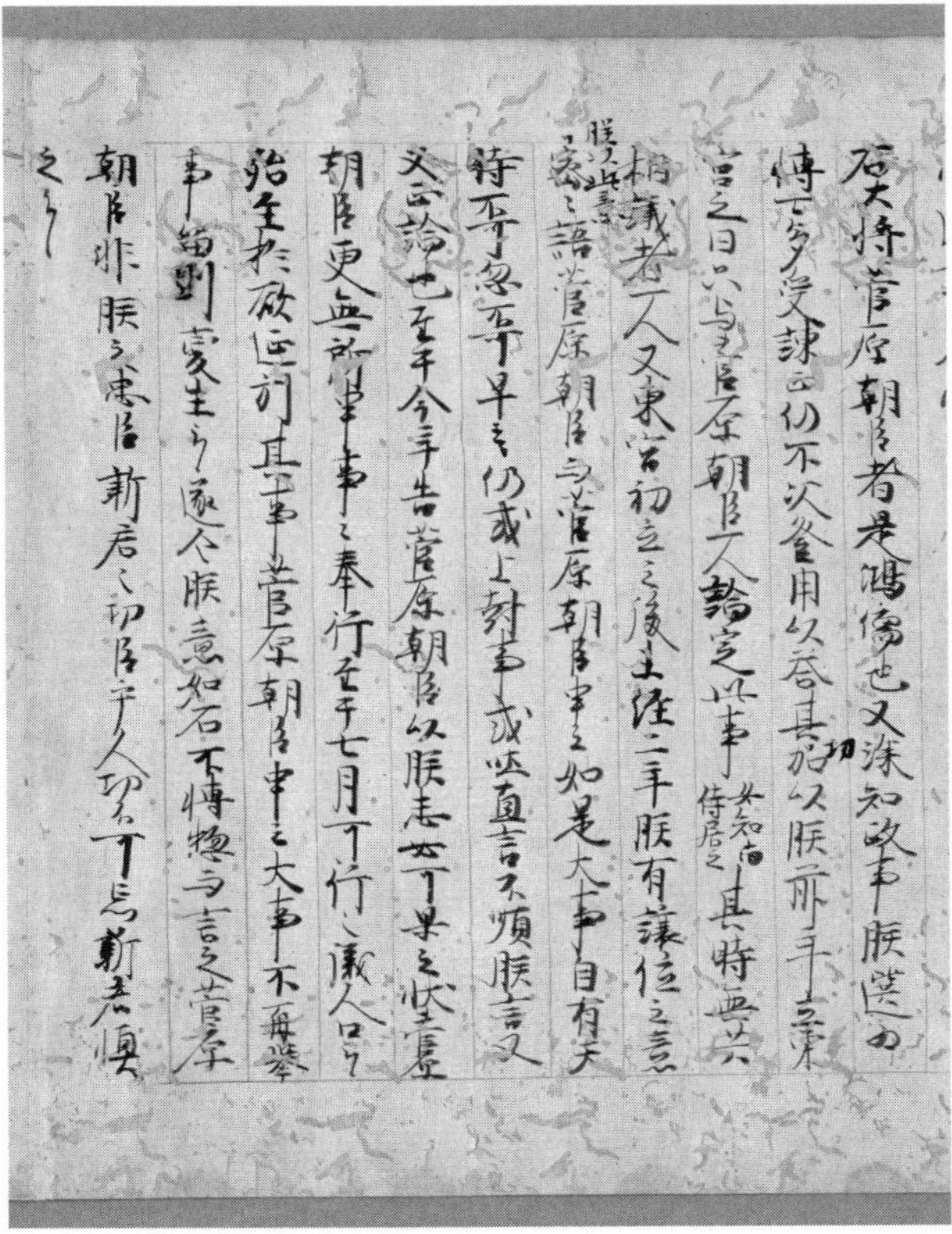

『寛平遺誡』（国立歴史民俗博物館蔵）

第十五条は、いよいよ道真の登場である。宇多にとっては、道真を重用することこそが、もっとも敦仁に言い聞かせておきたかったことかもしれない。

最初に道真が大学者で深く政事を知っていて、宇多は多く諫正を受けたので、破格に登用したと述べている。道真の異数の昇進が理由のないものではないことを、まず言っているのである。裏返せば、学者に過ぎない道真の昇進は、ことさらに理由を説明しないと公卿社会の理解を得られなかったものであることを、これははからずも示しているのである。

ここでは、他の史料には見られないことを、いくつか語っている。いずれも道真の重要性を説いて、敦仁に道真を重用することを命じているのである。まず、前年に新君（つまり敦仁）を東宮に立てた日に、ただ道真一人とこの事を論じて定めたとある。つまり、時平はこの議に関与していないというのである。本当にそうであったかはわからないが、ここで藤原氏嫡流《ちゃくりゅう》の時平ではなく（その時、共に議した者は、一人もいなかったと言って、それを強調している）、道真とだけ敦仁の立太子《りったいし》を議したと言うことによって、定策《ていさく》の臣としての道真の重要性を語り、道真の重用を命じているのである。女官では尚侍（姓名不詳）が知っていると加えることで、その信憑性を高めている。

敦仁が立太子したのは寛平五年（八九三）四月のことで、その時、道真は参議兼左大弁・式部大輔、時平は中納言兼右大将であった。公卿の上位には左大臣源融《とおる》・右大臣藤原良世《よしよ》、大納言源能有、中納言源光・藤原諸葛《もろくず》がいたが、宇多にとってはそれらや時平よりも、道真こそが相談に値する近臣《きんしん》であると強調したいのであろう。

次にその二年後、宇多には譲位しようという意志があり、これを密々に道真に語ったところ、道真はそれに従わなかったという。宇多はこれを「またまた正論である」と語って、道真の忠臣ぶりを強調している。本当にこのようなやりとりがあったかどうかは、もちろん定かではない。

そしてこの寛平九年になり、宇多はふたたび譲位の意志を道真に述べると、今度は道真は一人で様々な雑事を奉行した。人々が譲位についてあれこれ批評しているのを知った宇多が、譲位を延期しようとすると、道真は大事は変更してはならない旨を述べて、宇多の譲位の意志を貫徹させたと言っている。これも本当にあったやりとりかどうかはわからない。

最後にこれらをまとめて、道真は宇多の忠臣であるのみならず、新君（敦仁）の功臣であると説き、その功績は忘れてはならないと命じている。

以上の長々とした訓戒を聞いて、敦仁はどのように感じたであろうか。なるほど道真を重用しなければならないと感じたであろうか、それとも道真というのは父の宇多にとっては忠臣ではあろうが、自分の時代にこれを重用するのは公卿社会の理解を得られないであろうと感じたであろうか。やがてその答は数年後に出てくることになる。すでに道真の女の衍子は寛平八年に宇多天皇の女御《にょうご》となっており、たんなる近臣に留まらない道真の野望は徐々に明らかになってきていた。

十六

季長朝臣深熟㆓公事㆒、長谷雄博渉㆓経典㆒。共大器也。莫㆑憚㆓昇進㆒。新君慎㆑之。

（平）季長朝臣は、深く公事に詳しく、（紀）長谷雄《はせお》は博く経典に渉って、共に大器である。昇進を憚ることがあってはならない。新君（醍醐天皇）は注意せよ。

第十六条は、平季長と紀長谷雄を昇進させることを命じている。季長については第四条のところで述べた。ここでは、宇多天皇は季長のことを、「深く公事に精通している」として、藤原時平・道真・紀長谷雄とともに、重用するよう命じている。ただし、季長は寛平九年七月二十二日に卒去してしまい、宇多にとっても道真にとっても、大きな打撃となった。

紀長谷雄は、承和《じょうわ》十二年（八四五）生まれ。弾正大忠貞範《さだのり》の子。都良香《みやこのよしか》に師事したが、長い間不遇で、貞観《じょうがん》十八年（八七六）にようやく文章生《もんじょうしょう》となり、このころ菅原道真の門に入った。仁和二年（八八六）に少外記として官途《かんと》に就き、寛平二年（八九〇）に文章博士、寛平六年（八九四）には大使道真の下、遣唐副使に任じられた（道真の進言で派遣は中止された）。その後、大学頭、式部大輔などに任じられた。

ここでは、「博く経典に渉っている」として、これも重用するよう命じている。敦仁はこの命を守り、長谷雄を昌泰二年に右大弁、昌泰三年（九〇〇）に左大弁に任じ、延喜二年（九〇二）に参議、延喜十年（九一〇）に権中納言、延喜十一年（九一一）に中納言に上らせたが、延喜十二年（九一二）に六十八歳で没した。延喜期の漢詩文・学問の世界の指導者的役割を果たした。『菅家後集《かんけこうしゅう》』は大宰府《だざいふ》から長谷雄に遺贈されたものという。

学者としての分を越えて権力を志向した道真に対し、長谷雄はあくまで学者・文人としての分を弁《わきま》えていたのである。

十七

朕聞、未レ旦求レ衣之勤、毎レ日整レ服、盥レ漱拝レ神。又近喚二公卿一有二議治一、訪二治術一。亦還二本座一招二召侍臣一、求二六経疑一。聖哲之君、必依二輔佐一以治レ事。華夷寡小之人、何無二賢士一。以レ感救レ徹。事有レ持レ疑、必可二推量以決一レ之。新君慎レ之。

朕（宇多天皇）が聞いたことには、「夜が明けていないのに衣を求める勤めは、毎日、服を整え、手を洗い口をそそいで神を拝す。また近くに公卿を召して、議し合うことが有れば、治世の方策を尋ねる。夕べには元の座に還って、侍臣《じしん》を招き召して、六経《りっけい》で疑わしいところを問う。聖哲《せいてつ》の君は、必ず輔佐によって、政事を治める。文明国と野蛮国の数少ない人は、どうして賢士がいないであろうか。感でもって徹を救おうとする。事に疑いを持つことが有れば、必ず推し量って、決定しなければならない」と。新君（醍醐天皇）は注意せよ。

第十七条は、宇多が聞いたところの宮廷政治の心得についての訓戒。毎朝、身を浄めて神を拝すこと、公卿に治世の方策を尋ねること、侍臣に六経（儒学《じゅがく》の根幹となる六種の経書。

易経《えききょう》・書経《しょきょう》・詩経《しきょう》・春秋《しゅんじゅう》・礼記《らいき》・楽経《がくけい》）を問うこと、である。

立派な君主は必ず侍臣の輔佐によって、政事を治めるといっているが、具体的には橘広《ひろ》相《み》、菅原道真、平季長、紀長谷雄などを指しているのであろう。ただ、これは六経など学問に関することで、政策については陣定《じんのさだめ》など公卿の合議によるよう命じているのも、興味深い。

十八

諸司諸所、々二言奏見参一、有二先例一者。可下下二諸司一令上レ勘二旧跡一。唯有二旧遠一、能推量可レ行。
新君慎レ之。

「諸司や諸所で、奏上や見参《げんざん》するところは、先例が有る」ということなので、諸司に下して先例を勘申させるように。ただ古く遠いことが有れば、よく推量して行なうように。新君（醍醐天皇）は注意せよ。

第十八条は、先例の勘申についての訓戒。諸司に下して先例を勘申させるよう命じているが、この諸司というのは、外記など上官《しょうかん》と呼ばれる太政官の下級官人のことで、彼らに命じて勘申させるのである。

官底《かんてい》と呼ばれる書庫で公卿に命じられるままに、巻子《かんす》を開いては巻き直して先例を調べる下級官人の辛さは、天皇や公卿には理解できないものだったであろう。詳しくは『平安京の下級官人』という本で述べておいた。

十九

延暦帝王、毎日御二南殿帳中一、政務之後、解二脱衣冠一臥起飲食。又喚二鷹司御鷹一、於二庭前一令二呼餌一。或時御手作二觜爪等可レ好。又至二苦熱一、朝政後、幸二神泉苑一納涼。行幸之時、先令レ問二左右近中少将一、即喚二手輿一御レ之。行路之次若有二御輿一、令二近衛等相撲一。是為レ好二相撲一也。造二羅城門一、巡幸覧レ之、即仰二工匠一曰、此門高可レ減二五寸一云々。後又幸覧レ之、即喚二工匠一何如。工匠云、既減。帝嘆曰、悔亦不レ加二五寸一。工匠聞レ之、伏レ地絶レ息。帝奇聞。工匠良久蘇息、即云、実不レ減。然而為レ有レ煩詐言耳。帝宥二其罪一。帝王平生昼臥二帳中一、令レ遊二小児諸親王一。或召二采女一時令二洒掃一。其時人夏冬服二綿袴一。其采女袴体如二今表袴一。欲レ便レ御也。是等語、故太政大臣旧説也。雖レ不レ可二追習一、為レ存二旧事一附二状末一耳。又弘仁御時、諸堂殿門額初書。宮城東面帝親書耳。又初製二唐服一云々。

延暦《えんりゃく》の帝王（桓武天皇）は、毎日、紫宸殿《ししんでん》の帳《とばり》の中にいらっしゃって、政務の後に、衣冠《いかん》を解き脱いで、寝たり起きたり、飲食されていた。また鷹司《たかつかさ》の御鷹を召して、庭前に呼んで餌を与えておられた。ある時は御手ずから嘴《くちばし》や爪を好みのように手入れなさった。また苦熱の季節になると、朝政《ちょうせい》の後に、神泉苑《しんせんえん》に行幸して納涼された。行幸の時は、先ず左右近衛の中少将に問わせて、手輿《たごし》を召して乗られた。行路のついでに、もし御輿があるときは、近衛たちに相撲《すまい》をさせなさった。これは相撲を好むためである。羅城《らじょう》門を造営して、巡幸して覧られて、工匠に命じて云ったことには、「この門の高さを五寸、減じるように」とおっしゃった。後にまた巡幸して覧られて、工匠を召して、「どうなったか」とおっしゃった。工匠が云ったことには、「すでに減じました」と申した。帝が嘆いて云ったことには、「残念なのは、五寸、加えなかったことだ」とおっしゃった。工匠はこれを聞いて、地に伏して息が絶えた。帝は怪しんで問われた。工匠は長い時間の後、蘇息《そそく》してすぐに云ったことには、「実は減じませんでした。ところが煩いがあるために、偽って申しただけです」と。帝はその罪を

京都御所紫宸殿

宥《ゆる》された。帝王は平生、昼は帳の中に臥して、小さい子供である諸々の親王を遊ばせられた。或いは采女を召して、時々、清め掃わせられた。その時の人は、夏冬、綿の袴《はかま》を着ていた。その采女の袴の様子は、今の表袴《うえのはかま》のようであった。意のままにするのに都合がよいだろうと思われた。これらの話は故太政大臣《だいじょうだいじん》（藤原基経）の旧説である。追って真似をするわけにはいかないとはいっても、古い事を知っておくために、条文の末に付け加えただけである。また弘仁《こうにん》（嵯峨《さが》天皇）の御代、諸々の大内裏の堂殿の門の額を初めて書いた。大内裏の東面の門は、帝が自ら書かれたのである。「また、初めて唐の服を制作した」と云うことだ。

第十九条は、桓武天皇と嵯峨天皇についての逸話《いつわ》的な事例を述べている。簡単に箇条書きにしてみると、まず桓武については、

1. 毎日、紫宸殿の帳の中にいて、政務の後はそこで生活していた。
2. 鷹に餌を与えたり、嘴や爪を手入れしたりした。
3. 夏は朝政の後に、手輿に乗って行幸し、神泉苑で納涼した。
4. 行路のついでに、近衛たちに相撲を取らせた。

5. 羅城門を造営した際、工匠に門の高さを五寸、減じるよう命じた。後にまた、工匠にどうなったか聞くと、工匠はすでに減じたと申した。桓武は五寸、加えなかったのが残念だと嘆いた。工匠は、実は減じていなかったことを白状した。桓武はこれを許した。
6. いつも昼は帳の中に臥して、多くの親王を遊ばせた。
7. 采女に清め掃わせたが、采女の袴の様子は、今の童装束の表袴のようであった。桓武が意のままに交接するのに便利だろうと思われた。
この七つの逸話の後に、これらの話は故太政大臣（基経）から聞いたものであるとして、これらを真似するわけにはいかないとはいっても、古い事を知っておくために、条文の末に付け加えただけであるとしている。嵯峨については、
8. 弘仁（嵯峨天皇）の御代、諸々の大内裏の堂殿の門の額を初めて書いた。大内裏の東面の門は、嵯峨が自ら書いた。
9. 初めて唐の服を制作した。
という二つの逸話を述べている。宇多が何故に、百年も前の桓武や嵯峨のことを敦仁に語ったのか、そもそもこの第十九条は、もともと御遺誡だったのか、いささか疑問が残る。しかし、「条文の末に付け加えた」と言っているのであるから、こぼれ話として加えたも

羅城門模型（明日の京都 文化遺産プラットフォーム蔵）

のであろうか。

これらのうち、嵯峨に関するものは、比較的常識的なもので、いかにもといった感がある。しかし桓武については、ここにしか見えない逸話が多く、はたして史実なのかもわからない。

特に7の、采女については衝撃的である。采女というのは、もともと、倭《わ》王権の時代に地方豪族の子女が服属の証として貢進《こうしん》されたもので、大王の食膳を奉仕したものである。大王の子を産むこともあったが、その場合は王子女とはされずに、出身地方豪族の後継者とされたことが多かった。律令制成立後は郡司の姉妹や女で形容端正なものが貢進された。

寛平九年（八九七）に国別の定員が定められ、遠国《おんごく》や下国《げこく》などを除く三十九国が貢進国となった。采女譜第家《ふだいけ》が固定し、地方より貢進する意義は失われ、宮廷での地位も著しく低下したが、神事や節会《せちえ》の際には陪膳《ばいぜん》采女などかかせぬ存在であった（磯貝正義『郡司及び采女制度の研究』）。

桓武の時代であれば、いまだ倭王権の時代の残影が伝わっていたのであろうが、それにしても、交接するのに便利なように采女に童装束のような袴を着用させていたというのは、あまりに異常な君主像である。

ただし、あらたに天智《てんじ》系皇統を創出した桓武であってみれば、多くの皇子女を残して、それを自らの藩屏《はんぺい》にしなければならないという義務感を持っていたのであろう。結果的には記録に残っているだけでも、桓武は二十六人の后妃から、合わせて十六人の皇子と十九人の皇女を儲けている。それら后妃のなかには、堂上の掃除などの雑用を務めた女孺という地位の者もいたから、実際にあったことかどうかはともかく、このような説話も作られたのであろう。

桓武としては、これらの行為はたんなる「王者の好色」によるものではなく、自らの皇統の確立と権力基盤の構築という、きわめて政治的な営為だったのである（好きではあったであろうが）。やがてこれら大量の皇族を国家が維持することができず、平氏の成立につながることになる（倉本一宏『平氏　公家の盛衰、武家の興亡』）。そうなると、同じく記録に残っているだけでも三十人の后妃から、合わせて二十三人の皇子と二十七人の皇女を儲けている嵯峨に関する説話が語られているのも、この流れだったのかと勘ぐりたくもなる。

最後に宇多は、これらの訓戒を宇多自身が忘れたら、敦仁がこれを引いて戒めるよう、次のように命じている。

以前数事之誡、朕若忘却、而有二所レ嘱者一、引二此書一可レ警。□□以レ此為レ孝。不レ可二違失一耳。

以前の数事の訓戒は、朕（宇多天皇）がもし忘却しても、依頼する者があれば、この書を引いて戒めるように。□□これを孝とせよ。違失してはならないばかりである。

これらの訓戒を敦仁からも伝えるように命じていて、それを孝とするとなると、これらは敦仁のみに遺誡したものではなく、敦仁以降に皇統を嗣いでいく自分の子孫の歴代天皇への遺誡としたかったのであろう。

次に逸文二十二条を簡単に見てみよう。仮に番号を付すこととする。

1.（『明文抄《めいぶんしょう》』巻一・帝道部上による。『禁秘抄』巻上・諸芸能事、『花園天皇宸記』元亨三年六月十七日条にもあり）

天子雖レ不レ窮二経史百家一、而有二何所一レ恨乎。唯群書治要早可二誦習一。勿下就二雑文一以消中日月上耳。

天子というものは、経史《けいし》や諸子百《しょしひゃっか》家を極めていないといっても、何の恨むところが有ろうか。ただ『群書治要《ぐんしょちよう》』は、早く誦《しょうしゅう》習しなければならない。雑文に関わって日月を費やしてはならないばかりである。

逸文第1条は、天皇の学問について訓戒している。天皇は経史（儒教の経典や歴史書）や諸子百家（中国の春《しゅんじゅうせんごく》秋戦国時代に現れた多くの思想家およびその学派の著わした書）などの「雑文」に関わって年月を費やしてはならないと戒めている。当時、皇族や貴族の重要な教養であったこれらを極めなくてもよいと戒めている点は興味深いが、まあたしかにこれらの書は日本の現実的な政務運営には直接の関わりはないであろう。

その一方で、中国唐代の政治書である『群書治要』は早いうちから習わなければならないと戒めている。『群書治要』は六三一年に太宗《たいそう》の命で魏徴《ぎちょう》らが編集した書で、経書や晋《しん》代までの正史《せいし》その他の古来の群書から、政治上の要項を抜き出して配列したものである。中国で理想的な皇帝とされた太宗に関わる書を学べと命じている点、宇多の政治認識を知るうえで興味深い。

2.（『明文抄』巻二・帝道部下、『古今著聞集《ここんちょもんじゅう》』巻三・政道による）

春風秋月、若レ無二異事一。幸二神泉・北野一、且翫二風月一、且調二文武一、不レ可二一年再三幸一。又大熱大寒慎レ之。

春の風や秋の月も、格別な事は無いようなものである。神泉苑や北野《きたの》に行幸して、且つは風月を賞翫《しょうがん》し、且つは文武を調練するにしても、年に再三の行幸を行なってはならない。また、大熱と大寒には気を付けるように。

逸文第2条は、行幸について訓戒している。風や月といった風物も大したことはなく、一年に何度もの行幸を行なってはならないと命じている。たしかに、天皇の行幸は朝廷の一大事で、多大の準備と費用を要するから、このように命じるのも、いわれのないことではない。宇多自身の行幸は措《お》いといての話であるが。また、大熱と大寒には気を付けるよう戒めているのは、京都の厳しい気候を考えたものであろう。実際、醍醐天皇（敦仁）の皇太子となった保明《やすあきら》親王（文献彦《ぶんけんげん》太子）や、その死後に皇太子となった慶頼《よしより》王も早く死去している。宇多の心配も、むべなるかなである。

3.（『明文抄』巻一・帝道部上による）

殊制、殿上男女、輙以二無用之事一、莫下奏二御前一以驚中視聴上矣。事若レ可レ驚者、密々告下近習可レ備二顧問一人上、然後進止。

特に制しておく。殿上の男女は、たやすく無用の事を、天皇の御前に奏上し、人の耳目を驚かしてはならない。事がもしも驚かさなければならないようなものであれば、密々に近習《きんじゅう》の顧問に備えることのできる人に告げ、その後に処置せよ。

逸文第3条は、男女房（蔵人と女官）の天皇への奏上について訓戒している。彼らはたやすく奏上してはならず、どうしても奏上しなければならない場合は「近習の顧問」に告げるよう命じている。

この「近習の顧問」がどういう人を指すのかわからないが、たとえば道真のように、真に信頼の置ける（と宇多が考えた）人のことなのであろうか。裏返せば、蔵人や女官が気楽に天皇に無用の事を奏上していたという実態が窺える。

4.（『明文抄』巻一・帝道部上、『玉葉《ぎょくよう》』文治三年五月九日条による）

可レ忌下依二小恠小異一、以軽々召二神祇・陰陽等一事上。

小さな怪異《かいい》によって、軽々しく神祇官や陰陽寮を召す事は忌まなければならない。

逸文第4条は、怪異について訓戒している。一般的には、平安貴族は迷信深く、物忌《ものいみ》や穢《え》や怪異や夢想《むそう》を畏《おそ》れて、加持祈禱《かじきとう》に頼る連中であると思われがちである。しかし、古記録を少しでも読み込めば、彼らがむやみにこれらを畏れているのではなく、彼らなりに冷静に対応していたり、これらを自分に都合よく利用していたりしていることが容易に読み取れる。

この宇多の遺誡でも、むやみに神祇官や陰陽寮を召して卜占《ぼくせん》を行なわせてはならないと訓戒している。天皇がこれらを恐れれば、臣下にも影響が及ぶという配慮によるものであろう。

5.（『年中行事《ねんじゅうぎょうじ》抄《しょう》』正月五日・叙位議事による）

七日叙位者、不レ可二必毎年行一レ之。若隔二二年一、随レ状行レ之。其成業無レ疑、治国有レ効、吏幹堪レ用、才能可レ褒、及諸司判官以上、労高年老、為二第一・第二一者、並可二臨時加階・新叙一。

七日の叙位は、必ずしも毎年、行なわなくてもよい。もしくは二年を隔てて、状況に随って行なえ。その学業に疑いが無く、治国《ちこく》に功績が有り、官人として用いるに堪え、才能が褒《ほ》めるに相応しく、および諸司の判官《じょう》以上で功労が高く年老いていれば、第一・第二であれば、並びに臨時に加階《かかい》したり新たに叙したりせよ。

逸文第5条は、叙位について訓戒している。正月の叙位は必ずしも毎年、行なわなくてもよいと命じたうえで、臨時の叙位に与《あずか》るに相応しい条件を列挙している。並べられた条件は、いずれももっともなものであるが、成業《じょうごう》（大学寮の学生がその課程を終わり、試験に合格すること）を筆頭に置いている点が、いかにも宇多らしい。

6.（『年中行事抄』正月八日・大極殿御斎会始事による）

正月八日、可レ参二八省一。

正月八日は、八省院《はっしょういん》（大極殿《だいごくでん》）に参るように。

逸文第6条は、御斎会《ごさいえ》について訓戒している。御斎会というのは毎年正月八日から十四日の七日間にわたり、宮中大極殿（ときに紫宸殿）で斎を設け、本尊盧舎那仏《るしゃなぶつ》と観音《かんのん》・虚《こ》空蔵《くうぞう》の両脇侍《わきじ》に四天王《してんのう》像を安置し、六宗の学僧を招き、歳のはじめに国家の安寧静謐《あんねいせいひつ》を祈った講会で、天皇やときに皇太子・公卿が聴聞《ちょうもん》した（『国史大辞典』堀池春峰氏執筆）。ここではその御斎会が始まる八日に、必ず大極殿に行幸を行なうよう命じている。

7.（『年中行事抄』正月十一日・外国除目事、『除目大成抄《じもくたいせいしょう》』巻六・京官二合による）

任官之日、所々労人、必任二好処一。莫レ令二人々之給妨一之。又陸奥・出羽・大宰管国・近江等、二三年来不レ任二人給一。伝聞、親王・公卿偏以嗟嘆。今須レ許レ有レ給者。若申二件等国一、依レ次許レ之。莫三去今年令二同人給一レ之。不レ得三一年両三人畳二任一国一。又件等国掾・目、通計三分之二任二公人一、其一分許二人給一。随二秩満一可二処分一。又公卿合二両二分一、給二一三分一之例、其始近在二今年之春一。今復レ旧、混二一二分一、可レ給二三分一。須下隔二四五年一許上レ之。至レ挙二其子一或許、任二内外官判官・次官一、不レ立二年限一。令三以知二公卿之為一レ貴。又公卿時々給、内舎人并申二二合一、只許二中納言以上一、不レ及二参議一。但以二二合一申二其子一者、参議亦得レ之。又莫下以二内官一充中人々之給上耳。

任官の日は、所々に功労のある人は、必ず好い官に任じよ。人々の給を妨げてはならない。また、陸奥《むつ》・出羽《でわ》・大宰府の管国・近江《おうみ》は、二、三年来、年給《ねんきゅう》で任じられなかった。伝え聞いたことには、「親王・公卿はひとえに嘆いている。今、給うことを許していただきたい」ということだ。もしこれらの国を申請したら、序列によって許せ。去年と今年、同じ人の年給で任じてはならない。一年に二、三人を一国に重任《ちょうにん》してはならない。また、これらの国の掾《じょう》と目《さかん》は、合わせて三分の二は公人を任じ、三分の一は年給を許せ。秩満に随って処置せよ。また、公卿は二つの二分《にぶ》（目）を合わせ、一・三分《さんぶ》（掾）を給う例は、その始めは近く今年の春にある。今、元に戻し、一・二分を混ぜて三分を給うように。四、五年を隔てて、これを許すように。その子を推挙するについては、或いは許して、内外官の判官や次官《すけ》に任じるのに、年限を立てない。

それで公卿が貴いことがわかる。また、公卿の時々の給は、内舎人《うどねり》および二合《にごう》を申請することは、ただ中納言以上を許せ。参議には及ばない。但し二合をその子に申請するのは、参議もまたこれを許せ。また、内官《ないかん》を人々の年給に充ててはならないばかりである。

逸文第7条は、除目《じもく》（諸司諸国の官人を任命する政務）について細かく訓戒している。功労のある人を任じること、陸奥・出羽・大宰管国（九州諸国）・近江に年給（毎年の除目の際に所定の官職に所定数の人員を申任する権利）で任じること、二、三人を一国に重任してはならないことを命じたうえで、年給の方式、公卿がその子を推挙する際の注意、二合（一分〈主典《さかん》〉一人と一分《いちぶ》〈史生《ししょう》・国博士《くにはかせ》・国医師《くにいし》〉一人とを合わせて、三分〈判官《じょう》〉一人を申任すること）で公卿の子を申請する際の注意、内官（京官）を人々の年給に充ててはならないということ、を命じている。

いったい天皇が次代の天皇に対して、このようなこまごまとした政務の内容を伝える必要があるのであろうか。これではまるで、貴族の編集した儀式書の内容である。それもひとえに、宇多（源定省《さだみ》）も醍醐（源維城《これざね》）も、もともとは臣籍《しんせき》にあり、特に宇多は官人

(侍従《じじゅう》)として勤務していた経験を持つ故のことであろうか。

8.(『年中行事抄』三月吉日・京官除目事、『河《か》海抄《かいしょう》』巻六・明石、『河海抄』巻十三・若菜上、『官職秘抄《かんしょくひしょう》』巻上による)

京官権任不レ可二輙任一。至二于弁一人及主計・主税・供奉諸司・六衛府・馬寮等官人一、量二時務之閑繁一、臨時任レ之。莫二専棄一。又陰陽寮・雅楽寮等、為レ取二其芸一、年来有レ例。随レ宜処分。自余諸司一切停止。公卿正員者、太政大臣、左右大臣各一人、大納言二人、中納言三人、参議八人、合十六人。其中太政大臣、無二其人一則欠之官也。定二十五人一。雖レ有二件十五人員一、天安以往、其員至二多時一僅十二人、貞観以後常十四人。今須二大納言以下莫レ過二十二人一。若有二権任納言一者、随置二参議之欠一。雖レ任二大臣一又置二納言・参議之欠一。勿レ過二十四人一。又大納言勿レ過二権正三人一。

京官の権任《ごんにん》は、たやすく任じてはならない。弁官《べんかん》一人および主計《しゅけい》・主税《しゅぜい》・供奉《ぐぶ》の諸司・六衛府・馬寮《めりょう》の官人については、政務の閑繁を考えて、臨時に任じる。専ら棄ててはならない。また、陰陽寮《おんみょうりょう》や雅《が》楽寮《がくりょう》は、その芸を取るために、長年、例が有る。宜しきに随って処置せよ。他の諸司は一切、停止《ちょうじ》せよ。公卿の正員は、太政大臣、左右大臣各一人、大納言二人、中納言三人、参議八人、合わせて十六人である。その中で太政大臣は、相応しい人がいなければ欠ける官である。それで十五人と定めている。この十五人の定員が有るとはいっても、天安《てんあん》以来、その数は多い時にはわずか十二人、貞観《じょうがん》以後は常に十四人であった。今、大納言以下は十二人を過ぎてはならない。もし権任の納言がいれば、随って参議の欠を置け。大臣を任じるとはいっても、また納言や参議の欠を置け。十四人を過ぎてはならない。また、大納言は権と正で三人を過ぎてはならない。

逸文第8条は、内官の権官《ごんかん》について訓戒している。権官とは「権《かり》の官《つかさ》」の意味で、官制に規定された以外の官のことである。正官の大納言に対して権大納言という類である。実は大納言や中納言については、正官の大納言や中納言よりも、権大納言や権中納言の方が、後に出世する例が多い。参議を経ずに権中納言、権大納言、内大臣と正官を経ずに出世し、摂政《せっしょう》や関白《かんぱく》に上りつめる人が多いのである。『枕草子』一六四「上達部《かんだちめ》は」に、「上達部は、左大将、右大将。春宮大夫。権大納言、権中納言。宰相中将、三位中将」と記されているのも、清少納言《せいしょうなごん》がそれを鋭敏に察知した結果であろう。

ここでは、権官を任じてもいい官司として主計寮・主税寮・供奉の諸司・六衛府・馬寮を挙げたうえで、公卿の権官について具体的に訓戒している。公卿の任命はその官人の権力に直接関係するものであるから、宇多としても気にかけていたのであろう。

なお、藤原氏で高い位階を持つ官人は世代ごとに膨大な数が増殖するが、公卿の数は院《いん》政《せい》期まではこのように制限されており、高位を有していても高官に上れない藤原氏官人が大量に生み出されることになった。藤原氏は藤原氏で大変だったのである（倉本一宏『藤原氏 権力中枢の一族』）。

9.（『政事《せいじ》要略《ようりゃく》』巻二十六・十一月新嘗祭、『年中行事抄』十一月中丑日・五節舞姫帳台試事、『河海抄』巻九・乙通女による）

毎レ年五節舞人進出、迫二彼期日一経営尤切。今須二公卿之中令レ貢二一人一。雖レ非二其子一、必令二求貢一。殿上一人選レ人召レ之。当代女御又貢二一人一。公卿・女御依レ次貢レ之。終而復始、以為二常事一。須下入二十月一即召仰上。各身在レ前令二用意一、勿レ有二故障一。臨レ時取替。比年朕之所レ煩、只在二此事一。仍誡二新君一。

毎年、五節《ごせちの》舞姫《まいひめ》を進上するのは、その期日が迫って準備するのは、もっとも切迫している。今、公卿の中から二人を貢上させよ。その子女ではないといっても、必ず探して貢上させよ。殿上人は一人、人を選んで召せ。当代の女御もまた、一人を貢上せよ。公卿と女御が順番によって貢上せよ。終わって、また始め、常事とせよ。十月に入ったら、すぐに召し仰すように。各々の身は前にいて用意させよ。故障が有ってはならない。時に臨んで取り替えよ。毎年、朕（宇多天皇）が煩うところは、ただこの事にある。そこで新君（醍醐天皇）に戒める。

逸文第9条は、五節舞姫の貢上について訓戒している。五節舞姫とは大嘗祭《だいじょうさい》・新嘗祭《にいなめさい》に行なわれた豊明節会《とよのあかりのせちえ》で五節の舞を舞う少女のことで、原則として公卿から二人、殿上人・国司から二人の未婚の少女を召して当たらせた。大海人皇子《おおしあま》が吉野《よしの》にいたとき、神女が袖を五度翻して舞った故事によるという。

その舞姫の貢上の、特に期日について詳しく命じているのは、後文で述べているように、毎年困らされていたからであろう。舞姫を貢上するのは名誉なことであるとはいえ、その人選を始め、童や装束や舞師に支払う禄など、結構な物入りだったのである。

10.（『政事要略』巻二十六・十一月新嘗祭、『年中行事抄』六月十一日・神今食事、『年中行事抄』十一月中卯日・新嘗祭事による）

新嘗会・神今食、并九月伊勢御幣使日、必可下幸二八省・中院一、以行中其儀上。雷公祭、年来有レ験。不レ欠レ之。

新嘗会《しんじょうえ》、神今食《じんごんじき》、および九月の伊勢御幣使《いせごへいし》の日は、必ず八省院や中和院《ちゅうかいん》に行幸して、その儀を行なえ。雷公祭《らいこうさい》は、何年来、効験《こうけん》が有る。欠かしてはならない。

逸文第10条は、新嘗会・神今食・伊勢御幣使の日の行幸について訓戒している。新嘗会は新嘗祭のことで、十一月に行なわれる、稲の収穫を感謝し、翌年の豊作を祈願する祭儀。神今食は六月と十二月の十一日に行なわれた月次祭《つきなみのまつり》の夜、天皇が中和院内の神嘉殿《しんかでん》に神を迎えて酒饌《しゅせん》をともに食する神事。伊勢御幣使は朝廷から伊勢神宮に遣わされる勅使。

それぞれ八省院（朝堂院《ちょうどういん》。具体的には大極殿）や中和院に天皇が行幸して、祭儀や発遣の儀が行なわれる。ここで宇多は、それらを疎《おろそ》かにしないよう、敦仁に命じている。

雷公祭は五穀豊稔《ごこくほうねん》を祈る陰陽道《おんみょうどう》系の祭。疫気流行のときにも行なわれた。元慶《がんぎょう》年間（八七七―八八五）より藤原基経《もとつね》が毎年秋に祀《まつ》らせたが中断され、寛平元年（八八九）に宇多が再興した（『西宮記《さいきゅうき》』、『国史大辞典』岡田荘司氏執筆）。後年、道真が雷神（天神《てんじん》）となるが、この時点ではまだそれを予測することはできるはずもなかった。

11.（『禁秘抄』巻上・殿上人事による）

凡員数廿五人、具二六位一卅人。

およそ定員は二十五人、六位の者を加えると三十人。

逸文第11条は、殿上人の数について訓戒している。殿上人は清涼殿の殿上間に伺候して天皇の雑事を奉仕する側近のこと。ここで六位の者と言っているのは、位階は六位でも殿上人に数えられる六位蔵人《ろくいのくろうど》のことを指している。

12.（『禁秘抄』巻上・陰陽道、『禁秘抄』巻下・御卜による）

但無㆓殊事㆒之時、不㆑可㆑有㆓御卜㆒。

但し格別な事が無い時は、御卜《みうら》を行なってはならない。

逸文第12条は、陰陽寮の御卜について訓戒している。『嵯峨遺誡』や逸文第4条でも、たやすく行なってはならないと命じている。もしかしたらこの条は逸文第4条と一連のものかもしれない。

13.（『禁秘抄』巻上・可遠凡賤事による）

有㆑芸者依㆓其事㆒近召事近代多。不㆑可㆑然。

芸の有る者は、その事によって、近く召す事が近代では多い。そうであってはならない。

逸文第13条は、芸の有る凡賤《ぼんせん》について訓戒している。下賤の者で芸の有る者を召すことが多いが、それではいけないと命じている。

陽成《ようぜい》天皇や冷泉《れいぜい》天皇・花山《かざん》天皇など、よろしくない行状の説話が作られた天皇には、史実であったかどうかはともかく、芸の有る下賤の者を近侍《きんじ》させたことが語られる。宇多はそのようなことを戒めているのである。

14.（『禁秘抄』巻上・可遠凡賤事による）

無㆓左右㆒出㆓簾外㆒見㆓万人㆒事、能々不㆑可㆑然。乍㆓簾中㆒。

たやすく簾《すだれ》の外に出て、万人を見る事は、よくよくそうであってはならない。簾の中にいながら見るように。

逸文第14条は、簾外《れんがい》に出ることについて訓戒している。これも下賤の者を直接見てはいけないと戒めているのである。逸文第13条に続くものであろう。

15.（『禁秘御抄《きんぴみしょう》 階梯《かいてい》』地下者条による）

半殿上者、近始二貞観之代一、自レ今一切停二止之一。

半昇殿《はんしょうでん》は、近く貞観（清和《せいわ》天皇）の代に始まる。今からは一切、これを停止せよ。

逸文第15条は、半昇殿について訓戒している。半昇殿というのは、天皇が殿上間へ出御した時、侍医《じい》などが、臨時に許されて殿上間の小板敷《こいたじき》まで上ったこと。侍医は天皇の病気を診察するのであるから、天皇のそば近くまで寄らなければならないはずであるが、宇多はこれを停止することを命じている。そういえば古記録を見ても、天皇の病気に際しては密教《みっきょう》僧が加持祈禱を行なうことは多いが、侍医が直接診察したということは見えない。このような禁忌がかえって天皇の寿命を縮めていたのかもしれない。天皇の身体にメスが入ったのは、昭和天皇が史上はじめてであったことを思い出した。

16.（『河海抄』巻一・桐壺による）

陪膳蔵人頭以下四位侍臣、役送四位・五位・六位、随レ候有二陪膳番一。仍陪膳より上首も役送常事也。上古は公卿陪膳も有レ之歟。又女房陪膳也。

陪膳は蔵人頭以下、四位の侍臣、役送《やくそう》は四位・五位・六位の者で、伺候するに随って陪膳の番が有る。そこで陪膳より上位の者も、役送することは常の事である。上古は公卿が陪膳したことも有ったのではないか。また、女房も陪膳したのである。

逸文第16条は、天皇の陪膳と役送について訓戒している。陪膳とは、食膳に侍して給仕をすること、またその人のこと。役送とは、膳部などを運び、給仕役に取り次ぐこと、またその役のこと。ここでは天皇の陪膳と役送を行なう者の身分について、細かく命じている。

こんなに厳しい身分規制があったのであれば、膳を給仕される天皇も、何より陪膳や役送を行なう者も、さぞかし緊張したことであろう。こんなにして美味しいのかなあと思ってしまうが、そこは天皇は慣れていたのであろう。ただし、宇多も敦仁も、元々は臣下であって、こんなに堅苦しく食事をしていたわけではなかろう。

17．（『河海抄』巻二・帚木による）

五月五日・九月九日、文人・武士行事繁多。不レ可レ怠不レ可レ緩。

五月五日と九月九日は、文人や武士は行事が繁多である。怠ってはならない、緩《ゆる》めてはならない。

逸文第17条は、五月五日と九月九日の節会について訓戒している。五月五日は端午《たんご》、九月九日は重陽《ちょうよう》と呼ばれる。たしかに節会の際には行事が繁多であって、官人たちはあれこれ儀式に奔走していた。ただ、古記録を見ていると、儀式に懈怠をする者も多く、なかなか儀式が始められない場合も多かった。宇多はそのようなことがないよう、戒めているのである。

18.（『河海抄』巻八・薄雲による）

右大臣已薨、言而無レ験。

右大臣（源能有）はすでに薨去《こうきょ》した。言っても効験は無かった。

逸文第18条は、源能有について訓戒している。能有は文徳源氏《もんとくげんじ》で、道康親王《みちやす》（後の文徳天皇）の皇子。仁寿《にんじゅ》三年（八五三）、九歳の時に源姓を賜って臣籍降下した。清和天皇の貞観十四年（八七二）に二十八歳で参議に任じられ、寛平三年（八九一）に四十七歳で大納言に上り、寛平八年七月に五十二歳で右大臣に任じられた。この間、宇多を補佐して、果断な政策を断行したとされる。十二月に左大臣藤原良世《よしよ》が致仕《ちし》してからは、太政官首班の座に立ったものの、翌寛平九年（八九七）六月八日に死去した。五十三歳。邸第《ていだい》に因み、「近院大臣《こんいんのおとど》」と号した（倉本一宏『公家源氏 王権を支えた名族』）。

宇多が敦仁に譲位したのは、この年の七月三日のことであり、まさに能有死去の直後であった。ここでは自分を支えた能有の死について、密教の加持祈禱も効験が無かったことを悔やんでいるのである。

19.（『台記《たいき》』久安三年六月十七日条による）

蔵人所別当、可レ付二殿上簡一。

蔵人所別当《くろうどどころのべっとう》は、殿上の簡《ふだ》を付けるように。

逸文第19条は、殿上の簡について訓戒している。殿上の簡とは、殿上間に、昇殿を許された者の官職・姓名などを記して掛けた札のこと。日給《にっきゅう》の簡とも言った。これを蔵人所別当が付けるよう命じている。蔵人所別当は蔵人所の長官で、摂政関白に次ぐ人が補され、左大臣が当てられることが多いが、左大臣が関白の時には右大臣が当てられた。こんなことまで、宇多は敦仁に戒めていたのである。

20.（『江次《ごうし》第抄《だいしょう》』第一・元日宴会による）

次侍従者、先例百廿人以上。年来例方八十余人為㆓甚少㆒。此為㆓稍少㆒、須㆘式例数莫㆖㆑過㆓百人㆒。新君慎㆑之。

次侍従《じじじゅう》は、先例は百二十人以上である。数年来の例は、まさに八十余人では甚だ少ない。これはやや少ないとする。式の例数によって、百人を過ぎてはならない。新君（醍醐天皇）は注意せよ。

逸文第20条は、次侍従について訓戒している。次侍従は令制の侍従に准じる職で、諸祭・節会・法会《ほうえ》などに際し侍従の職務を補助するために置かれたもので（『国史大辞典』橋本義彦氏執筆）、儀式の後に下賜される禄は、中級官人の貴重な収入となった。

ここでは、その人数について細かく訓戒している。『弘仁式《こうにんしき》』ないし『貞観式《じょうがんしき》』にもこの規定が存したとされる（『国史大辞典』橋本義彦氏執筆）。

21.（『大槐秘抄』による）

昇殿すべきものによくこゝちよく、ゆみいるものとかやさぶらふ。

昇殿すべき者に、よく心地よく、弓を射る者とかが伺候した。

逸文第21条は、昇殿について述べている。かつて殿上人のなかに、弓を射ることを得意とした者がいたことを述べたもの。この部分だけでは、何の訓戒だかよくわからない。なお、原文は漢文だったはずである。

22.（「藤原道家願文案《ふじわらのみちいえがんもんあん》」〈『鎌倉遺文《かまくらいぶん》』五―二七二九〉による）

別嗟㆔外戚無㆓大器之可㆑寄㆑事。

別に外戚に大器で頼りになる者がいないことを嘆いた。

逸文第22条は、外戚について述べている。先にも述べたように、宇多は光孝《こうこう》天皇と班子《はんし》女王との間に生まれた。班子女王は桓武天皇十二皇子の仲野《なかの》親王と当宗《まさむね》氏の女性との間の子であり、兄弟にも外戚にも有力な貴族はいなかった。

また、宇多は源定省であった時代に、六位蔵人兼美濃権大掾に過ぎなかった藤原高藤と、主計助の宮道弥益の女である列子《れっし》との間に生まれた胤子を妃とした。宇多の即位に伴い、高藤は外戚として死の直前に内大臣に上り、その子つまり胤子の兄弟は、定国が大納言、定方《さだかた》が右大臣に上ったものの、とても有力な政治勢力とは言えなかった。

宇多が外戚に頼りになる大器がいないと嘆いたのも、もっともなことであった。この言葉をどのような文脈で敦仁に語ったのか、また敦仁にどうせよと訓戒しているのか、ここからだけではわからないが、結果的には敦仁が即位した醍醐天皇は、時平や忠平《ただひら》などの藤原氏嫡流を外戚とし、その治世を進めることとなったのである。敦仁が宇多の苦衷《くちゅう》を見ていた故のことであろうか。

3　宇多天皇と『寛平御遺誡』

以上、逸文《いつぶん》も含め、四十一条の『寛平御遺誡《かんぴょうのごゆいかい》』を解説してきた。この遺誡を残したとき、宇多《うだ》は三十一歳、遺誡を受けた敦仁《あつぎみ》親王は十三歳。この直後に元服するとはいえ、まだ政治経験のない少年であった。このような細々とした遺誡を授けるのも、無理からぬところだったのであろう。

特に、先にも述べたように、光孝《こうこう》―宇多―醍醐《だいご》という皇統《こうとう》が未だ確立してはおらず、宇多と醍醐はもともと源姓を賜った臣下であったとなれば、宇多が皇統権威の確立に不安を持ったのも、当然のことだったであろう。

また、宇多が異数の抜擢を行なった菅原道真《みちざね》が、敦仁の時代にもその権力を維持できるのかどうか、宇多が道真と始めた新政の方針を敦仁が継続してくれるのか、きわめて不安

宇多天皇大内山陵

だったはずである。特に道真が宇多や斉世《ときよ》親王に女《むすめ》を入れて権力を志向し、時平《ときひら》など藤原氏嫡流《ちゃくりゅう》や文人貴族との間に疎隔が生じていることを知らぬ宇多ではなかったであろう。

自己の皇統の後見として、時平や忠平《ただひら》など藤原氏嫡流との連携を重視するのか、それとも道真や橘広相《ひろみ》などの文人貴族を抜擢して藤原氏嫡流に対抗させるのか、その選択に結論を出せなかった宇多としては、結局、道真と時平二人中心の政治を続けるよう、敦仁に訓戒しておくことになったのである。そして宇多は譲位に際して、道真と時平に、醍醐が年少の間、奏請《そうせい》や宣行《せんこう》の文書を内覧《ないらん》せよとの詔を下した(『日本紀略《にほんきりゃく》』)。

道真と醍醐、そして時平、何より『寛平御遺誡』のその後については、次の章で述べることとする。結局宇多は、この三人よりも長命を保つこととなった。その陵墓については、先に述べた。

第三章

菅原道真と『菅家遺誡』

1　菅原道真の功罪

宇多《うだ》天皇に登用され、藤原時平《ときひら》とともに醍醐《だいご》天皇の代の執政者（内覧《ないらん》）に指名された菅原道真《みちざね》は、『菅家遺誡《かんけゆいかい》』と称される二巻の家訓書を残したとされている。後に述べるように、これは鎌倉《かまくら》時代後期の仮託書《かたくしょ》である可能性が高い。しかし、道真当時、あるいはそれ以降の思想を反映したもの、また道真ならこういうことを遺訓《いくん》したであろうと思われていた内容がわかるという理由で、これも簡単に触れておこうと思う。

道真は承和《じょうわ》十二年（八四五）に生まれた。菅原氏は、元は大王の喪葬などの凶礼を掌《つかさど》る土師《はじ》氏であった。和泉《いずみ》の百舌鳥《もず》（現大阪府堺市）、河内《かわち》の古市《ふるいち》・丹比《たじひ》（現大阪府藤井寺・羽曳野市）、大和《やまと》の秋篠《あきしの》・菅原《すがわら》（現奈良市）といった、倭《わ》王権の大王墓の造営された地域を地盤としていた。天応《てんおう》元年（七八一）に土師古人《ふるひと》ら十五人が、居地の菅原（現奈良市菅原町）によって土師を改め菅原氏としたいと申し出て、許可されたことから、菅原氏が始まる。そして古人の代から、学者の道を歩み始めたのである。

道真の曾祖父古人は学問で世に高く（『続日本後紀《しょくにほんこうき》』）、祖父の清公《きよきみ》、父の是善《これよし》はいずれ

菅原院故地（菅原院天満宮）

伝天満宮降誕之地（菅大臣神社）

も学者として最高の地位である従三位式部大輔・文章博士に任じられ、公卿の地位に列した。是善は参議にも上り、議政官となっている。

道真も幼少より学問に励み、十一歳で詩を賦した。貞観《じょうがん》四年（八六二）に十八歳で文《もん》章生《じょうしょう》、貞観九年（八六七）に二十三歳で文章得業生《もんじょうとくごうしょう》となり、貞観十二年（八七〇）に二十六歳で方略試《ほうりゃくし》（文章得業生試）に合格し、官途《かんと》を進んだ。少内記や民部少輔を経て、元《がん》慶《ぎょう》元年（八七七）に三十三歳で早くも式部少輔・文章博士に任じられた。

しかし、仁和《にんな》二年（八八六）に讃岐守に任じられ、式部少輔・文章博士の任を解かれた。これは当時学者の間の対立が激しく、清公の興した菅家《かんけ》門下《もんか》の勢いを抑えようとした光孝《こうこう》天皇の考えに出たものであり、他の門下の学者たちが、道真を地方に転出させて一派の勢いを抑えようとした運動によるものであるとされる（『国史大辞典』『平安時代史事典』共に坂本太郎氏執筆）。

讃岐在任の四年間、道真は熱心に国務にあたった。この間、阿衡《あこう》の紛議《ふんぎ》が起こった際には、藤原基経《もとつね》に意見書を呈出し、この問題が学者の将来を萎縮させ文章を廃滅させるであろうことを憂え、基経自身のためにも何ら得るところはないことを諄々と説き、阿衡の詔書の作者橘広相《ひろみ》の弁護を行なった。

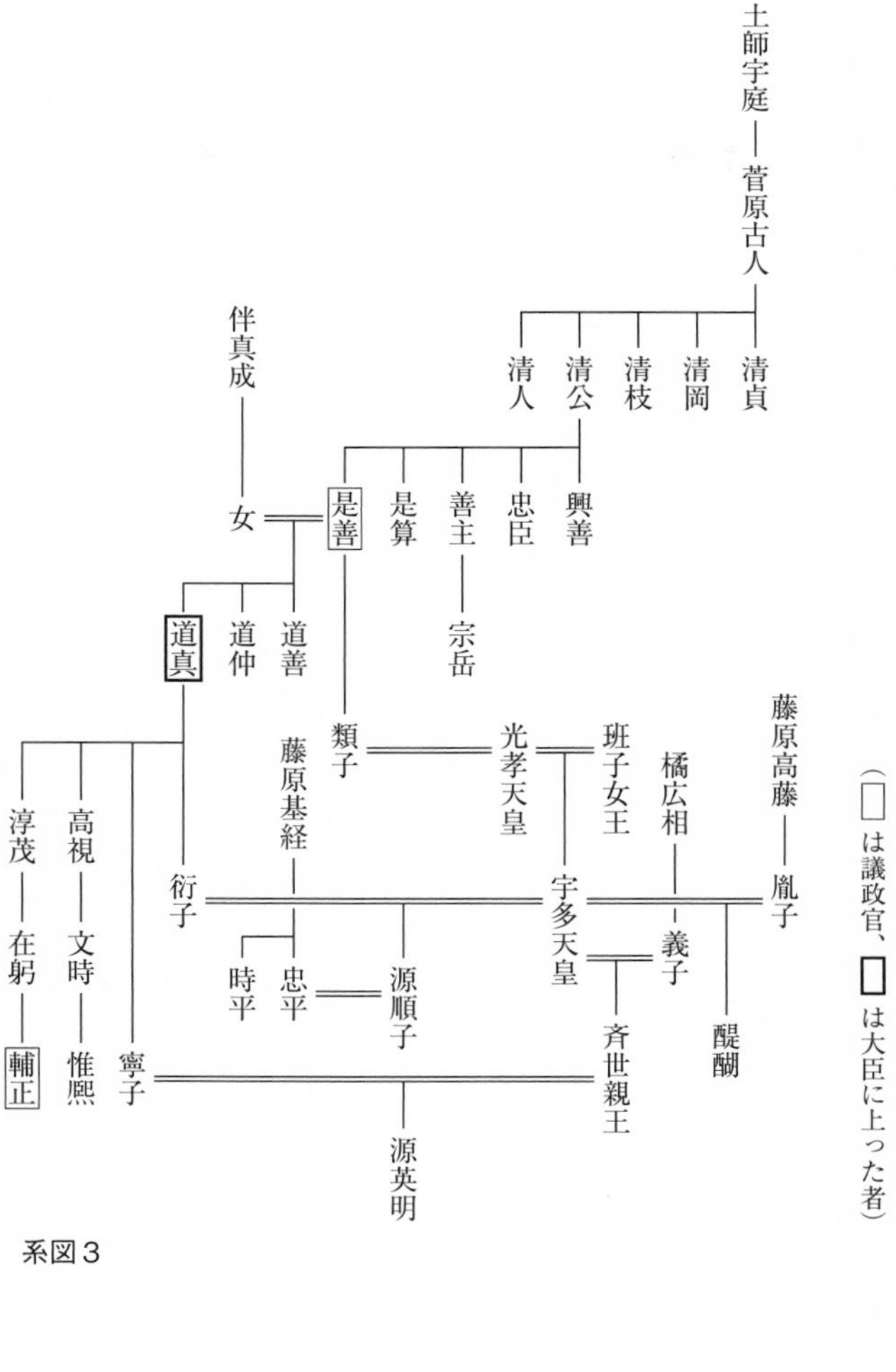
（□は議政官、■は大臣に上った者）
土師宇庭
菅原古人
清貞
清岡
清枝
清公
清人
興善
忠臣
善主
是算
是善
伴真成
女
宗岳
道善
道仲
道真
藤原高藤
胤子
橘広相
義子
班子女王
光孝天皇
類子
藤原基経
宇多天皇
醍醐
斉世親王
衍子
忠平
時平
源順子
源英明
寧子
高視
文時
惟熙
淳茂
在躬
輔正

系図３

寛平《かんぴょう》二年（八九〇）に国司の任期を終えて帰京した頃には、宇多天皇の時代になっていた。翌寛平三年（八九一）に蔵人頭《くろうどのとう》・式部少輔・左中弁に抜擢され、政治の中枢に関与した。寛平六年（八九四）に遣唐大使に任じられたが、その派遣は道真の奏状によって停止《ちょうじ》された。なお、この後も道真は遣唐大使を称している。

この間、中央において急速な昇進を見せ、寛平七年（八九五）に五十一歳で中納言に任じられ、東宮敦仁《あつぎみ》親王（後の醍醐天皇）の春宮権大夫を兼ねた。寛平九年（八九七）六月に五十三歳で権大納言に任じられ、右大将を兼ねた。同日に二十七歳で基経嫡男《ちゃくなん》の藤原時平も大納言に任じられ、左大将を兼ねている。当時、大臣は欠員で、この二人が太政官と近衛府の首班を占めた。

この年の七月に宇多天皇は『寛平御遺誡《かんぴょうのごゆいかい》』を遺して譲位《じょうい》し、醍醐天皇の代となった。宇多太上天皇《だいじょうてんのう》は、二人に文書の内覧を命じた。そして昌泰《しょうたい》二年（八九九）に二十九歳の時平は左大臣、五十五歳の道真は右大臣に任じられ、名実ともに太政官のトップに立った。

しかし、道真の出世もここまでであった。昌泰三年（九〇〇）、文章博士三善清行《みよしのきよゆき》から道真の許に意見書が届いた。学者で大臣に上った者は吉備真備《きびのまきび》しかおらず、道真も止足《しそく》の分を弁《わきま》えて引退した方が後世に評価されるとのことであった。大臣に任じられる際には

「貴種《きしゅ》」ではないという理由で「止足の分」を弁えて大臣・大将を辞することを請うた道真であったが、この時には清行の意見に聞く耳を持たなかった。

延喜《えんぎ》元年（九〇一）正月、道真がひそかに醍醐の廃立を企てているという密告があり、醍醐は二十五日に道真を大宰《だざいのごんのそち》権帥に左遷し、四人の男子も諸国に左遷するという詔を出した。

かつてはこれは時平の讒言《ざんげん》であるという考えが主流であったが、しかし道真の方にも、謀反の疑いをかけられ、陥れられるだけの素地があった。一つには学者出身でありながら大臣にまで上りつめたことによる公卿層からの反撥（と嫉妬）、いま一つには菅家門下を率いて学界を支配していることによる文人貴族層からの不満（と嫉妬）、そして何より、父の是善以来、女《むすめ》を天皇の后妃として入内《じゅだい》させ、外戚《がいせき》の地位を築こうとしていた（と見られている）という政治的野望に対する藤原氏嫡流《ちゃくりゅう》からの危機感である。

早く是善の女の類子《るいし》が光孝天皇の宮人《みやびと》となり、道真の女の衍子《えんし》が寛平八年（八九六）に宇多天皇の女御《にょうご》となっており、寧子《ねいし》も昌泰元年（八九八）に宇多天皇の第三皇子斉世《ときよ》親王の妃となって王子を産んでいる（後に臣籍《しんせき》降下して源英明《ふさあきら》となった）。本人に謀反の意思があったかどうかにかかわらず、これではその野望が明らかであると、醍醐や時平に警戒

大宰府政庁跡

されても仕方のないことであった。

もっとも、学者である道真や橘広相の女義子《ぎし》を入内させて女御としているのは、宇多の政治性と嗜好《しこう》によるものであろう。藤原氏を外戚としない宇多にとっては、側近の学者の女との間に、あらたな皇統《こうとう》を創出したかったのであろうが、それが道真を破滅させる結果となってしまったことになる。

大宰府《だざいふ》での生活は窮迫をきわめたうえに、病魔にも冒され、延喜三年（九〇三）、道真は大宰府で没した。五十九歳。

2 『菅家遺誡』の内容

菅原道真《みちざね》が遺したとされる『菅家遺誡《かんけゆいかい》』は、全二巻の教訓書であるが、後世の仮託書《かたくしょ》であるとされる。鎌倉《かまくら》時代末期までには成立していたとされるが、さらに後世の書き入れがあった可能性もある。今回、はじめて全文を通読して現代語訳してみたが、漢文自体がとても平安時代のものとは思えない文体であった。神事、田猟、武備、刑罰、冠婚、葬祭などに関して、公家で注意すべきこと、守るべきことを三十五条で訓戒している。

鎌倉時代末期の元寇《げんこう》の産物である神国《しんこく》思想の影響を受けて「和魂漢才《わこんかんさい》」という語が登場し、精神的な意味合いが強調されるようになり、江戸時代の国学者《こくがくしゃ》に称讃された。なお、「和魂漢才」という熟語を『菅家遺誡』を解説する文中に記したのは谷川士清《たにかわことすが》であり、しかも道真の言葉として使ったのは平田篤胤《あつたね》であるという（所功『菅原道真の実像』）。
宮内庁《くないちょう》書陵部《しょりょうぶ》、陽明文庫《ようめいぶんこ》、神宮文庫《じんぐうぶんこ》などに多数の写本が存在するが、この本の本文は陽明文庫本を底本とした山岸徳平・竹内理三・家永三郎・大曾根章介校注『古代政治社會思想』（日本思想大系）によることとする。本文には仮に番号を付ける。

巻第一

1.

凡仁君之要政者、以レ撫レ民為レ本。民者神明賚也。本朝之綱教者、以レ敬二神明一為二最上一。神徳之微妙豈有レ他哉。

およそ思いやりのある君主の政の要点は、民を慰撫《いぶ》することを根本とする。民は神明《しんめい》からの賜り物である。本朝の大本の教えは、神明を敬うことを最上とする。神徳《しんとく》が絶妙なことは、どうして他の物が有ろうか。

まず神事についての訓戒が続く。巻第一第1条は、政事《まつりごと》の要点は神明を敬うことであると説いている。いかにも神道《しんとう》と結び付いた国学者が喜びそうな文言であるが、道真自身が、『菅家遺誡』の記された時代には「天神さま」として信仰されていたのである。

2.

凡本朝者天照太神之裔国、而天孫瓊瓊杵之尊臨レ位之地也。嘗禘祀祭之法、無レ可レ因二漢土之法一。斎・卜両家之氏人、以レ之預二有司之員一。

およそ本朝は天照大神《あまてらすおおみかみ》の末裔《まつえい》の国であって、天孫瓊瓊杵尊《てんそんににぎのみこと》の降臨《こうりん》した地である。春秋の祭や祭祀《さいし》の法は、中国の法によったものではない。斎部《いんべ》・卜部《うらべ》両家の氏人は、これによって有司の一員に預かっている。

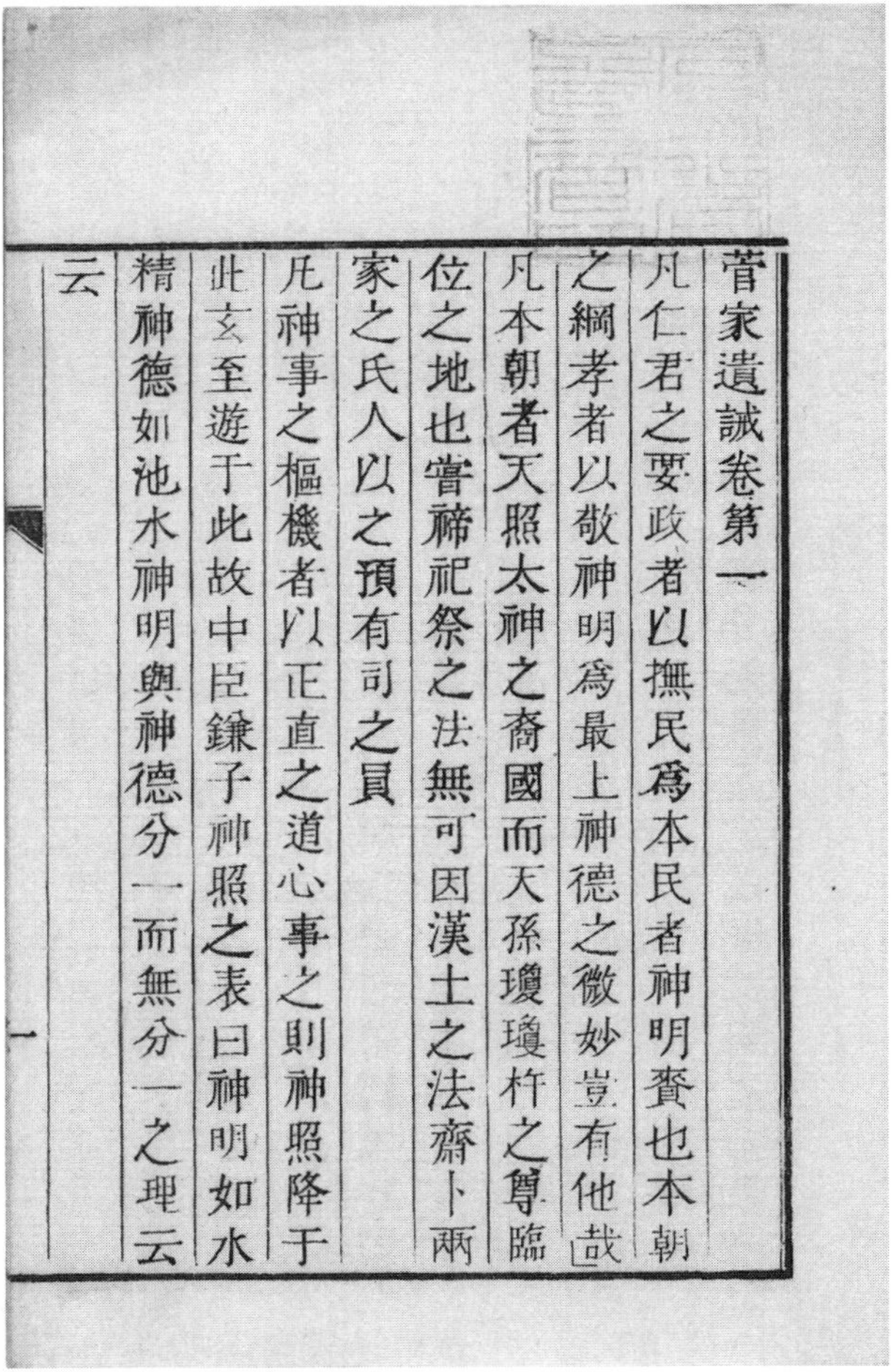
菅家遺誡卷第一
凡仁君之要政者以撫民爲本民者神明賚也本朝之綱孝者以敬神明爲最上神德之微妙豈有他哉
凡本朝者天照太神之裔國而天孫瓊瓊杵之尊臨位之地也嘗禘祀祭之法無可因漢土之法齋卜兩家之氏人以之預有司之員
凡神事之樞機者以正直之道心事之則神照降于此玄至遊于此故中臣鎌子神照之表曰神明如水精神德如池水神明與神德分一而無分一之理云云

『菅家遺誡』（宮内庁書陵部蔵）

第2条は、日本の祭祀が古来独自のものであることを説いている。ただ、斎部・卜部両氏が神祇官《じんぎかん》の要職を占めることは、道真の時代にはいまだ定まってはいなかった。

3.

凡神事之枢機者、以二正直之道心一事レ之、則神照二降于此一、玄至二遊于此一。故中臣鎌子神照之表曰、神明如二水精一、神徳如二池水一。神明与二神徳一、分レ一而無二分レ一之理一云々。

およそ神事の要所は、正直《せいちょく》の道心《どうしん》によって仕えるときは、神がここに照し降り、深遠な心が至り遊ぶ。故に中臣鎌子《なかとみのかまこ》（鎌足《かまたり》）の神照《しんしょう》の表《ひょう》に云ったことには、「神明は水の精のようなものであって、神徳は池の水のようなものである。神明と神徳とは、一つずつに分かれていても、一つずつに分ける道理は無い」と云うことだ。

第3条は、神事の枢機《すうき》（要所）について説いている。正直の道心によって仕えよとなると、とても道真が訓戒するものとは考えられない。神明と神徳とが一体のものであることを説いている。神明は神そのもの、神徳は神の威徳のことを言う。鎌足の神照の表は不明。

4.

凡治レ世之道。以二神国之玄妙一欲レ治レ之、其法密而其用難レ充レ之。故夏・殷・周三代之正経、魯聖之約書、平素簪レ之冠レ之、服膺而当レ至二其堺界細塵一。

およそ世を治める道は、神国の奥深いことで治めようとしても、その法は密であって、その用はこれに充てがたい。故に夏《か》・殷《いん》・周《しゅう》三代の正経《せいけい》や孔子《こうし》の約書《やくしょ》も、平素に簪《かんざし》や冠にすることで心にとめて忘れないようにし、まさに治世の隅々にまで至るであろう。

第4条は、世を治めるには正経や五経も忘れないようにしなければならないという訓戒。正経は正しい儒学《じゅがく》道を伝えた書物、魯聖《ろせい》（孔子）の約書は孔子が古典を集めて編纂したという五経（易経《えききょう》・書経《しょきょう》・詩経《しきょう》・春秋《しゅんじゅう》・礼記《らいき》）のこと。さすが文章博士も歴任した道真に相応しく作文している。

5.

凡神器政器者、尋二繹於有司之精一、令レ掌二其法規一。仮令雖レ有二新古之班一、更莫レ厭レ之。大鹿島之命為二祭主一之時、神器及二欠弊一、則以二真榊之連葉一為二平敷一、以二膳手之葉一為二葉椀一、令レ足二其便一。中大兄之皇子者、新冠不レ有二其頭一、則以二真木之群蔓一為レ冠、向二拝於天皇一焉。彼者神臣、是者儲王也。古蹟之影照二万世之子臣一。最以レ神而入レ玄者也。

およそ神を祀《まつ》る器や政事のための器は、有司の精なるものを尋ねて、その法規を掌《つかさど》らせる。たとえ新古の区別が有るといっても、まったく厭《いと》うことは無い。大鹿島命《おおかしまのみこと》が祭主《さいしゅ》であった時は、神を祀る器が欠けたり傷んでいたりした時には、真榊《まさかき》の連なっている葉を平敷《ひらしき》とし、膳手《かしわで》の葉を葉椀《くぼて》として、その便に用いた。中大兄《なかのおおえ》皇子は、新しい冠がその頭になかった時は、真木《まさき》の群蔓《もろかづら》を冠として、天皇に拝礼《はいらい》した。あれは神臣にして、これは儲王《ちょおう》である。古い先例の影は万世の子臣を照らす。最も神を幽玄の境地に入れるものである。

第5条は、神器と政器について訓戒している。神器と政器は精鋭の官人に掌らせるよう命じている。大鹿島命というのは『日本書紀《にほんしょき》』垂仁《すいにん》紀に中臣氏の先祖として設定されている人物である。神器を欠いている際は、大鹿島命や中大兄王子は、ありきたりの物で済ませたという「先例」を作っている。

6.

凡治天之君者、因㆓準於先王之法㆒、則㆓太古之伝㆒、和而治㆑之者、民無㆓妖災夭殤之苦㆒、土無㆓水旱蝗蛙之辛㆒。矧又神孫之皇国、与㆓堯舜治天之徳㆒。其貴有㆓其天孫㆒。其楽有㆓八十河原之神燎之神楽㆒。

およそ治天《ちてん》の君は、先王の法に従って、太古の伝えに則り、和《やわ》らいで治めれば、民は天変地異の災難や若死の苦しみが無く、土は洪水旱魃《かんばつ》の災や虫害の辛さも無い。まして神孫《しんそん》の皇国である日本と、堯舜《ぎょうしゅん》治天が徳で治めた政治はなおさらである。その貴きは、その天孫の方に有る。その楽しみは、八十《やそ》河原《かわら》の神燎《しんりょう》の神楽《かぐら》に有る。

第6条は、民を治める方策について訓戒している。天照大神の子孫（と称する）天皇が治める日本は、中国の伝説時代に比べても優れていると説いている。なお、八十河原の神燎の神楽というのは、天照大神が天岩戸《あまのいわと》に隠れた際に、神々が舞楽を捧げたという神話を指す。

なお、「治天之君」という語は院政《いんせい》期以降のものであり、この訓戒が道真よりはるか後の時代に作られたことを示している。

7.

凡入租貢税之法者、大概法二先王之道一、監二察蕃国一。神風之奥撰二合レ格吏幹之刺史一、無二甲乙左右之民役一専二烹鮮省槐之愛一、治之正之、則神明夜守日護、護幸給、国土与二高天原之無窮一、可レ同二尊趣一焉。

およそ入租貢税《にゅうそこうぜい》の法は、大概は徳のすぐれた昔の王の道に則って、蕃国《ばんこく》を監察する。神風の奥義《おうぎ》は、格にかない才幹《さいかん》を有する国司を撰んで、民を使役するのに上下優劣の区別無く、国政を処理し省試《しょうし》第一の愛を専らにし、治め正すときは、神明が夜に守り日に護り、護り幸《さきわ》あらしめなさって、国土は高天原《たかまがはら》の無窮《むきゅう》と、尊い趣きを同じくすることになるのである。

第7条は、租税についての訓戒。蕃国というのは外国を指すが、ここでは地方のこと。省試というのは官吏登用の式部省試のこと。この訓戒が記された時代になると、古代における用語の意味や制度については忘れられているのであろう。何でも祝詞《のりと》風に神祇と結び付けられるとさすがに辟易《へきえき》してしまう。

8.

凡臨期之朝儀者、随二古老有職之臣一、正二重祖歴代之士材一、而宜レ無二朝家緩懈之公事一。

およそ臨時の朝廷の儀式は、古老《ころう》で故実《こじつ》に詳しい臣に随い、重祖歴代の士材を正しくして、朝廷に緩《ゆる》み怠《おこた》る公事《くじ》があってはならない。

第8条は、朝廷の儀式についての訓戒。故実に詳しい古老に随って、歴代の官吏を正しくして、緩んだり怠ったりする儀式があってはならないと命じている。

9.

凡有楽之会式者、有レ因二漢楽一、有レ因二和楽一。雖レ然三家五子之調楽、本朝之眉目也。然則令三神遊二于幽玄微妙之域一、使三民帰二于淡水澗戸之屋一。但蕃楽・催馬楽・朗詠之御遊、又是異楽之一調、清暑露台之逸興也。尤至二其奥旨一、使レ感二鬼神一之一助也。

およそ有楽《ゆうがく》の会式は、漢楽《かんがく》によることが有り、和楽《わがく》によることが有る。とはいっても、三家五子の調楽《ちょうがく》は、本朝の誉れである。それならば、神を幽玄微妙《ゆうげんみみょう》の域に遊ばせ、民を淡水澗戸《たんすいかんこ》の屋に帰させる。但し蕃楽《ばんがく》・催馬楽《さいばら》・朗詠《ろうえい》の御遊《ぎょゆう》は、またこれは異楽《いがく》の一調であって、納涼や月見の露台の面白みである。もっともその奥義《おうぎ》に至っては、鬼神《きじん》を感じさせる一助である。

第9条は、有楽の会式、つまり音楽を用いる会や儀式についての訓戒。楽は人心を感化するものとして、古代中国の儒家によって尊重された。日本における誉れである三家五子というのは不詳。三つの音楽の家と五人の奏者ということか。幽玄微妙は何となくわかるとして、淡水澗戸というのは水のきれいな谷間の家のこと。蕃楽・催馬楽・朗詠を異楽と断じているのは興味深いが、これらも奥義を極めれば鬼神を感じさせるというのは、『古《こ》今《きん》和《わ》歌《か》集《しゅう》』の仮名序に通じるものである。

10.

凡詩賦之興、其旨趣与㆓歌楽㆒一般也。加之詩者直㆓五倫十等之列㆒、純㆓敵国旧讎癖㆒、賦者述㆓長舌短手之便㆒、通㆓不備麁様之何㆒。尤以㆓詩賦之二什㆒、其徳用与㆓歌楽㆒至㆑一至㆑二、三事合理之便能也。当家素生、馳㆓走履急鞋之浪㆒、挿㆓縄緩木冠之星㆒、則二事兼学之才用、宜㆑為㆓規模㆒者也乎焉。

およそ詩賦《しふ》の興は、その趣旨は歌楽と同様である。それのみならず、詩は五倫五常《ごりんごじょう》の列を直し、敵国や昔からの仇《かたき》の癖《へき》をうるわしくし、賦は物事を詳しく述べるので言葉や手足の代わりとなり、足りない点や疎《おろそ》かな点を補う。もっとも詩賦の二十によって、その徳のはたらきは歌楽と一に至り二に至って、三事合理の便能《べんのう》である。当家に生まれ育った者は、急いで履《くつ》や鞋《くつ》をはいて走りまわって研学し、縄の紐を結び木の冠をかぶり星を戴いて勉学に励むときは、二事《にじ》兼学《けんがく》の才智のはたらきは、よろしく模範とすべきものである。

第10条は、詩賦つまり詩と賦、すなわち中国の韻文《いんぶん》についての訓戒。詩は短編、賦は長編をいう。五倫五常は儒教の教えで、人として常に踏み守るべき道徳のこと。五倫は父子の親・君臣の義・夫婦の別・長幼の序・朋友の信の五つ、五常は仁（他人への愛情）・義（人としての筋道）・礼（社会的な作法）・智（善意の判断力）・信（ことばの誠意）の五つを指す。詩・賦・歌楽の三つを合わせれば、道理に適《かな》い、満足なはたらきをすると説く。二事兼学というのは詩と賦ということであろうか。菅原氏の者はこれらを苦学の末に身につけよと説いている。

11.

凡歌什詠吟之弄者、鬼神交遊之梯階、夫婦偶和之基也。鬼神交遊万品生育之、則挙国純一千物繁栄焉。夫婦偶和之、則民生淳質、旱水各趣也。故伴黄門者、述㆓鵲霜之情㆒、柿三品者、賦㆓諸山之霙㆒。挙一之麗趣也。

およそ和歌を朗詠して楽しむことは、鬼神と交り遊ぶ手始めであって、夫婦が和合する基である。鬼神と交遊して生きるものすべてが生育すると、国を挙げて純一にして、千物が繁栄する。夫婦が和合すると、民生は素直で飾り気がなく、日照りと旱魃は各々宜しきを得る。故に伴黄門《ばんこうもん》（大伴家持《やかもち》）は鵲霜《じゃくそう》の情を述べ、柿《し》三品《さんぼん》（柿本人麻《ひとま》呂《ろ》）は諸山の時雨《しぐれ》を賦した。挙一の麗しい趣である。

第11条は、和歌についての訓戒。これも『古今和歌集』仮名序を意識している。和歌を楽しむと、鬼神と交り、夫婦が和合する、ひいては人民が幸福になると説く。やはり国学者の発想である。なお、鵲霜とは鵲《かささぎ》のつがいが互いに霜をはらうことで、夫婦和合の象徴とされる。もちろん、人麻呂が三位に叙されたことはない。

12.

凡営二神社一、修二仏閣一之旨意、雖レ未レ可レ有二来格照降之実一、敬レ之有二此敬一、疎レ之有二此疎一。眼底情機之所レ到、通徹至妙之要底也。

およそ神社を営み、仏閣《ぶっかく》を修する趣旨は、未だ神や仏が降りてきて姿を顕わすことはないとはいっても、敬すればこの敬が有り、疎んじればこの疎みが有る。眼に映ったもので敬神崇仏の情が起こるというのは、悟りを開くための最も優れた要点である。

第12条は、神社仏閣の趣旨についての訓戒。神や仏が姿を顕わすことはなくても、神社や仏閣を修造すれば、眼に映ったもので敬神崇仏の情が起こると説く。この時代にはすでに寺院のみならず神社にも建築物が修造され、仏像のみならず神像《しんぞう》も造顕《ぞうけん》されていたので、それらを拝むことによって信仰せよというわけである。

13.

凡主上着御元服・乗輿之具、調度・殿階之差別、雖レ有二級階一、省二草服穴居之往時一、則以二外物飾粧之具一当レ貴、非レ有二威徳色様之別一。然者以二疎麁不レ遠之物一、可レ備二御便一也。

およそ主上が着される御元服の装束や乗輿《じょうよ》の具、調度や宮殿の階の差別は、級階が有るとはいっても、草を服し穴居に住んでいた往時を省みると、唐物《からもの》で飾りたてた物を貴いとしても、主上の冒《おか》しがたい徳の色合が増すわけではない。そうであるから、粗末で手近にできた物を、便宜的に備えるべきである。

第13条は、天皇の装束や乗り物、また調度や宮殿についての訓戒。天皇といえども粗末な物を着すべきであると説いている。実際、これが書かれた時代には、天皇も平安時代のような華美な生活はできなくなっていた。

14．

凡外蕃下裔之賓客、来㆓朝于鴻臚之寓㆒者、仮令雖㆑有㆓朝家益㆑便之儀㆒、至㆓王卿等㆒、非㆑可㆑侍㆓於謁見㆒歟。矧亦於㆓陛下㆒乎。所㆑謂藤仲卿者汙㆓紳帯於臚館之塵㆒、田淋者黙㆓什尾於蕃筵之拙㆒。皆以㆔蕃客会語之乏㆓通訳㆒也。

およそ外国や夷狄《いてき》の使臣が鴻臚館《こうろかん》に来朝したときは、たとえ朝廷が便宜《びんぎ》を増す儀が有るとはいっても、王卿たちについては、謁見《えっけん》に侍ってはならないのではないか。ましてやまた陛下についてはなおさらである。謂うところの藤仲卿《とうちゅうけい》は朝廷の大帯を鴻臚館の塵に汚し、田淋《でんりん》は蕃客《ばんかく》接待の席で漢詩が稚拙で体面を失った。皆、蕃客の言語の通訳が乏しかったからである。

第14条は、外国（外蕃《げばん》）や夷狄（この場合は東北や南九州などの辺境か）の使節についての訓戒。彼らが使節応接のための鴻臚館に来ても、王卿やまして天皇が謁見してはならないと命じている。『寛平御遺誡《かんぴょうのごゆいかい》』に通じるというより、『寛平御遺誡』を承《う》けて記したものであろう。失敗の先例として挙げられている藤仲卿と田淋については未詳。

15.

凡市店朝夕之交買者、待二有司之処分一、曾以非レ可レ定二於他言一。雖レ然輙王卿槐流之徒、為二市中之歴遊一、剰間行微服之遊、酷不器之至也。

およそ市の店での朝夕の売買は、官司の処置を待って、昔より他人に任せるべきではない。そうとはいっても、つまり王卿で大臣の任にある連中が市中を歴遊し、それにも増して人目を忍んだ装束で隠れ歩きをすることは、はなはだ不見識の至りである。

第15条は、市についての訓戒。平安京の時代は東西の市が置かれていたが、この時代になると私設の市があちこちに設けられていたことであろう。常設の店も登場していたかもしれない。いずれにせよ、大臣が市中をほっつき歩いてはならないと命じている。実際にはそんな人がいたのであろうか。

16.

凡鷹犬者便二田猟一幸二民望一。但遥越二民望一耽レ鷹、肯非下守レ門養二狡犬一之利上。不可思議之至也。

およそ狩りに用いる鷹と犬は、狩猟に便利であって、民の望みに幸いする。但し遥かに民の望みを越えて鷹に熱中するのは、あえて門を守るのに利口な犬を養う利にならない。不可思議の至りである。

第16条は、狩猟のための鷹と犬についての訓戒。番犬になる犬はさておき、鷹に熱中してはならないと命じている。

17.

凡山海川沢之利、為二口沢一莫レ求レ之。仮令雖レ為二田家一、不レ可レ及二細網戟撃之猟一。

およそ山海川沢の利は、自分の口をうるおすために求めてはならない。たとえ辺鄙《へんぴ》な田舎であるといっても、獲物を取り尽くす猟に及んではならない。

第17条は、山海川沢の利についての訓戒。これらの地は人民の共有地であって、猟で獲物を取り尽くしてはならないと命じている。

18.

凡宮中私闥之侍女之数、大概宜レ減二家丁之五等一。但有二病之婦一家者、随二家禄之多少一、置二外妾箒婦一之儀、各用二之法一也。

およそ宮中や自邸の侍女《じじょ》の数は、大概は下男の五等を減じなければならない。但し病んでいる婦人がいる家については、家の禄の多少に随って、外妾《がいしょう》や掃除婦を置く儀は、各々この法を用いなければならない。
第18条は、侍女についての訓戒。下男の五等を減じるというのはよくわからないが、大勢を置いてはならないということか。病人の女性がいる家については、その限りではないと訓戒している。

19.
凡詳刑之便故者、随二笞・杖・徒・流・死之五等一。族類五等之親別、更以不レ可レ混也。以二薄賞者一重二賞物一、以二重罪者一薄二罪科一之事、古今大略無レ為二其過一。罪科者如二外面之塵一、身命如二宝鏡之光一。罪科使レ至レ無レ之者、身命有二明鏡之光一。刃傷之音、君子賤レ之。大理諫議之官事者、天下之枢職也。

およそ刑罰を詳《つまび》らかに考えて実行するわざは、笞《ち》・杖《じょう》・徒《ず》・流《る》・死《し》の五等に随う。族《ぞく》類《るい》五等の親別は、まったく同じくしてはならない。薄く賞する者に賞物を重くし、重く罪する者に罪科《ざいか》を薄くする事は、古今に大略、その過ちを犯すことは無い。罪科は外面の塵《ちり》のようで、身命は宝鏡《ほうきょう》の光のようである。罪科はこれを無きに至らせれば、身命は明鏡《めいきょう》の光が有る。刃傷《にんじょう》の音は、君子が賤しむ。刑獄を掌り天皇を諌める官は、天下の枢職《すうしょく》である。

第19条は、刑罰についての訓戒。刑罰について、親族を同じくしてはならないこと、罪科を薄くすることを重んじている。刑獄を掌り天皇を諌める（大理《だいり》諌議《かんぎ》）官とは、刑部卿と参議のこと。

20.

凡武備之芸事、府官之所レ試也。雖レ然疎二文道一、則其武庸拙、而備便背二古典一。故四道之将帥賜二節鉞一之時、侍儒取二経史之要一含レ之、令レ学二其急之事、律条之所レ定也。仮使雖レ有二暴虎掠熊之器一、無二文物之節一、如三赤子取二雄剣一。最上之勇士将帥之量者、有二文備之両条一者也。

およそ武備の芸については、衛府《えふ》の官が試みるものである。そうではあっても、文道に疎いときは、その武は拙劣であって、備えは古典に背く。故に四道の将帥《しょうすい》が節鉞《せつえつ》を賜る時は、侍儒《じじゅ》は経史の要点を取って含め、その急の事は律条が定めているところを学ばせた。たとえ虎や熊を打ち取るような武才が有るといっても、文道に基づく節度が無ければ、赤子《せきし》が雄剣を取るようなものである。最上の勇士で将帥の技量があるのは、文武の両条が有る者である。

第20条は、武備の芸についての訓戒。これを衛府が掌ることは当然として、『日本書紀』の崇神《すじん》紀に見える四道将軍の節鉞（旗じるしと鉞《まさかり》）と関わらせるとは、何とも時代がかった叙述である。武芸についても学問が関わるようにとは、いかにも道真が言いそうなことである。

21.

凡神国一世無窮之玄妙者、不レ可二敢而窺知一。雖レ学二漢土三代周孔之聖経一、革命之国風、深可レ加二思慮一也。

およそ神国一世無窮《いっせいむきゅう》の奥深いことは、敢えて窺い知ることはできない。中国の三代

周孔《しゅうこう》の聖経を学んだといっても、革命《かくめい》の国風は深く思慮を加えなければならないのである。（『続群書類従《ぞくぐんしょるいじゅう》』本）

第21条と第22条は、『続群書類従』本にのみ見える。第21条は、中国の易姓《えきせい》革命と対比して日本の一世無窮（万世一系《ばんせいいっけい》）の優位さを説く。このあたりから和魂漢才の根拠とされたのである。

22.

凡国学所レ要、雖レ欲下論二渉古今一究中天人上、其自レ非二和魂漢才一、不レ能レ闞二其閫奥一矣。

およそ国学《こくがく》の要するところは、古今を論渉し、天人を究めようとしても、その和魂漢才ではないことにより、その極意を見ることはできない。（『続群書類従』本）

第22条は、国学について説いている。国学というのは、古代では国ごとに設けられ、地方豪族の子弟を教育した学校のことであるが、ここで言っているのは江戸時代中期に興った、古代の文献によって儒教・仏教渡来以前の日本独自の思考を、古今を通ずる日本人の基本の道（古道《こどう》・神ながらの道）として捉えることを目的として、古代の文献を文献学的方法によって研究する学問（『国史大辞典』阿部秋生氏執筆）のことであろう。これが道真の言説でないことはもちろん、もともと中世に作られた『菅家遺誡』にこの二条が存在したのかも怪しいものである。

巻第二

1.

凡放鷹猟獣之遠遊者、王者臨レ国之機、不レ可レ過。雖レ然逸興与二珍猟一之二遊、違二王者之望一者。令三民至二荒蕪之田一、令三物落二不慈之役一。嗟呼放鷹猟獣之差別、無レ遠二慮之一、難三宜尽二成功一焉。

およそ鷹狩りや狩猟の遠所での遊びは、王者が国内を臨幸《りんこう》して民の生活を知る機会であるが、過ぎてはならない。とはいっても、格別に興味深いことと珍しい獣を狩る二つの遊びは、王者の望みとは違うものである。民を荒れはてた田に至らせ、作物を無慈悲に踏み荒らせる。ああ鷹狩りや狩猟の差別は、遠慮することが無ければ、宜しく成功を尽くすことは難しいであろう。

巻第二第1条は、狩猟についての訓戒。天皇は過度に田を荒らす狩猟に耽《ふけ》ってはならないと説いている。もっともなことである。

2.

凡僧尼之新徒者、為㆓牧宰所㆑令之臣㆒、計㆓戸口人民之多少㆒、考㆓水旱病災之用㆒、待㆓礼部之処分㆒、待㆓本官主省之下知㆒、考㆓住遊之可否㆒、而可㆘請㆓省之度縁㆒、令㆖至㆓自行之器㆒也。

およそ僧尼の新しい徒《ともがら》は、国司が命令する臣となり、戸口人民の多少を計って、洪水旱魃や病災の用を考え、治部省の処置を待ち、太政官や治部省の下知を待って、住遊の可否を考えて、治部省の度縁《どえん》を請い、自ら修行する器に至らせなければならない。

第2条は、僧尼についての訓戒。僧尼は租税が免じられているので、国家にとって僧尼が増えるのは望ましいことではなかった。度縁というのは僧尼が得度《とくど》（出家入道）したことを証明する公文書。

3.

凡冠婚葬祭之式条、守三自鬼之官秩与二譜第之歴名一、不レ可レ越二其分様一。但其分秩歴職雖レ叶レ宜、従二薄式一、仮莫レ用二美麗重器之飾一。矧也於レ越二其分一乎。

およそ冠婚葬祭の式条《しきじょう》は、死んだ人の官位の等級と、系図や履歴とを守り、その分際を越えてはならない。但しその身分や履歴が宜しきに叶うといっても、薄式に従って、仮にも美麗や重器の飾りを用いてはならない。ましてやその分を越えた場合はなおさらである。

第3条は、冠婚葬祭についての訓戒。官位や家柄の分様《ぶんよう》（分際）を越えてはならないと訓戒し、薄葬《はくそう》を命じている。

4. 凡服レ忌者、別二五等之親属一、弁二期祥之年月一、令丁親属不丙レ可レ為乙不レ備二之鬼神一、令甲レ馳二異姓一。令三鬼降二不遊之祭一之語者、揚二礼部之常所一レ守也。最順レ親常孫之亀鑑不レ可レ過之也。

およそ喪に服することは、五等の親属《しんぞく》を分け、服喪の年月を弁《わきま》え、親属が霊に対して十分な祭を行なわないで、異姓に馳せさせることのないようにせよ。その身に属する霊を他姓に行かせることなく祀るという語は、治部省が常に守るところを揚げたものである。最も親に順《したが》うことは、常に孫の規範であって、過ってはならない。

第4条は、服忌《ぶっき》についての訓戒。霊を他姓に行かせないよう祀ることを命じている点が興味深い。

5. 凡公家官用之新領者、受領改補之節毎例有レ之。以二恪勤仕官之鑑一可レ正レ之也。

およそ朝廷から与えられる新しい所領は、受領《ずりょう》が交替《こうたい》する際にいつも例が有る。勤務上の成績を考慮して正さなければならない。

第5条は、公卿の所領についての訓戒。受領の勤務上の成績を考慮して正すよう説いているが、道真の時代に受領が所領を手に入れる例はない。

6.

凡朝市班列之官戸・商戸、輙犯㆓公堺両市之令司㆒、剰耽㆓軽情㆒、失㆓本省之条㆒。豈有㆑他矣。弾正之急責可㆑及㆑此。仮令雖㆑及㆓楚忽之刑事㆒、毫釐不㆑可㆑為㆓刑官之恥㆒也。

およそ京内に並んでいる官人の邸第《ていだい》や商家は、たやすく公の土地において東西両市を司る官人を侵し、そればかりか浮気な気持ちに耽って、本省の条を失っている。どうして手心を加える必要が有ろうか。弾正台《だんじょうだい》の早急な譴責《けんせき》がこれに及ばなければならない。たとえ軽はずみな刑罰に及ぶといっても、まったく刑官《けいかん》の恥とすることはない。

第6条は、京内の邸第や商家についての訓戒。たやすく公地を侵してはならないと説いている。これも道真の時代には、まだ京内に規定外の邸第や商家を設ける例はほとんどなかったであろう。なお、刑官は本来は刑部省のこと。

7.

凡極官之長上者、雖レ為二則欠之任一、其器酷政而下乱者、与二一章一三難レ之。則朝佞臣走、野讒夫馳焉之故言、豈不レ疑乎。法家之儒門、吾家之紀流、重レ之勘レ之。以レ徳治レ妖者、堯舜之臣民也、常思レ之案レ之、則市言流音、及二消尽一如二日下之霜一、炳然無二毫髪之災害一者也。

およそ極官の長上官である太政《だいじょう》大臣《だいじん》は、則欠《そっけつ》の任であるとはいっても、その器が酷政であって下を乱した場合は、一書を送って三度、非難せよ。「朝廷に佞臣《ねいしん》が走り、野に讒言《ざんげん》の者が馳せる」という古い言葉は、どうして疑わないことがあろうか。法家《ほうか》の儒門や自分の家の伝統は、これを重んじて勘《かん》がえよ。徳をもって妖《わざわい》を治めることは、堯舜の臣民であると、常に思って案じれば、市中に広がる流言は、すっかり消えてしまうことは日の下の霜のようで、明らかにごくわずかな災害も無いものである。

第7条は、太政大臣への讒言や流言についての訓戒。要は徳をもって治めよと説いている。なお、則欠というのは、職員令《しきいんりょう》で太政大臣は「その人なくば、則ち欠《か》けよ」と規定していること。

8.
凡朝野之恪勤、諸蕃辺要之武器、任㆓其撰挙㆒、随㆓声誉㆒、令㆑居㆓其官㆒之儀、宰官之重路也。

およそ中央・地方に勤める恪勤《かくご》の官人や、諸外国の来襲に備える武官の者は、その推挙に任せ、声望に随って、その官に居させる儀は、官人の重い任務である。

第8条は、文武の官人についての訓戒。声望に随って留任させるよう命じている。

9.
凡良家之子、及㆓十有五等之学田㆒。但庶流者、有㆓三等之学田㆒。故其用有㆑便㆓其道㆒到㆓出身㆒。不

㆑好之則嫡家者宛㆓百日之徒罪㆒、庶流者及㆓五十日之徒罪㆒。此専非㆑責㆓其人㆒。一向令㆑進㆓学林㆒也。思㆑之憶㆑此。

およそ良家の子には十五等の勧学田《かんがくでん》に及ぶ。但し庶流の者は三等の勧学田が有る。故にその用途は学問の道に便宜が有り、出身に到る。好まないときは、嫡家《ちゃくけ》の者は百日の徒《ず》罪に充て、庶流の者は五十日の徒罪に及べ。これは専らその人を責めるのではない。一向に大学に進ませるのである。これを思い、これを憶え。

第9条は、学生の出身（官人としてはじめて出仕《しゅっし》すること）についての訓戒。そもそも大学に入って学生になる者は、公卿など「良家の子」でないことが多い。勧学田は大学寮の学生の奨学のための田。ただ、「好まないときは」云々がよくわからない。学問を好まない場合は、の意味であろうか。さすが学問の神様とされた道真に仮託した訓戒である。

10.

凡街路巷保之中、妖霊・神荘・奇仏、先規之極制、以㆓治部省之令牒㆒。不㆑及㆓其牒㆒結之、則以㆓

定額之寺院㆒、宛㆓三年之徒罪㆒、以㆓治部省㆒宛㆓百日之徒罪㆒也。

およそ街路や町中で、妖霊《ようれい》・淫祠《いんし》・奇仏《きぶつ》は、先例の規制があって、治部省の牒で禁断している。その牒に反して行なった時は、定額寺《じょうがくじ》によって三年の徒罪に充て、治部省によって百日の徒罪に充てる。

第10条は、妖霊・淫祠・奇仏についての訓戒。これらを禁制することは、古代国家以来の通例であった。ただ、それを扱うのが定額寺であったかどうかは、定かでない。治部省は仏教を統制する職掌を持つ。治部省がやたら登場するのは、どういった事情なのであろうか。

11.

凡揚名之官職者、取㆓大間職事㆒宛㆓其用㆒。如㆓摂関将帥㆒之職者、以㆓揚名之名㆒、為㆓比輿之義㆒。国政及㆓虞氏之法㆒、民用至㆓周家之富㆒、争有㆓揚名之名㆒矣。尤以可㆑為㆓管轄之規模㆒也。

およそ揚名の官職は、大間書《おおまがき》の職事を取って、その用に充てる。摂関《せっかん》や将軍のような職は、揚名の名を取るに足りない意味とする。国政は帝舜の方法に及び、民用は周代の富に至ったとしたら、どうして揚名の名が有るであろうか。もっとも支配の規範としなければならない。

第11条は、揚名（名ばかり）の官職についての訓戒。大間書とは除目の際に空いている官に任官者を書き込む文書だが、この部分、意味がわからない。国政と民用を中国古代のように行なえば、揚名の官職はないはずだと説く。なお、摂関と将軍が並んで称されていることで、これが記されたのが中世であることが露呈している。

12.

凡京畿及二急火一之、則二京之所司、急当二火之宅一可レ止二其災一。弾正之所司者、可レ戒二非常之班民・非礼之諸士一。神祇之所司者、執レ職可レ候二三種之神器一之条、不可思議之国法也。

およそ京・畿内《きない》で火事が起こったときは、東西京職《きょうしき》は急いで火のある宅に至り、その災を止めなければならない。弾正台は非常の班民《はんみん》や非礼の諸士を戒めなければならない。神祇官は職掌にしたがって三種の神器に伺候しなければならないというのは、人智を超えた国法である。

第12条は、火事についての訓戒。火事に際しての京職・弾正台・神祇官の行なうべき行動を説いている。たしかに火災は前近代のもっとも恐るべき、そして頻発した災害であるが、これが書かれた時代にこれらの官が機能していたとは考えられない。

13.

凡震雷、有㆓朝家㆒者左右之侍臣・近席之侍女、以㆓火炉之香煙㆒可㆑供㆓主上之尊耳㆒也。公家者以㆓其分限㆒亦可㆑如㆑此也。

およそ震雷《しんらい》のときは、朝廷にいては、左右の侍臣《じしん》や近席の侍女は、火炉《かろ》の香煙を主上の尊い耳に供さなければならない。朝廷はその分限によって、またこのようにしなければならない。

第13条は、震雷についての訓戒。震雷というのは地震と雷、または辺りを震わせて鳴る雷のことである。いずれにしても、突然訪れる災害で、前近代の人にとってはさぞかし恐怖の対象だったことであろう。しかも雷には天神の怒りという意味も含まれていたのであり、平安時代には道真の怨霊《おんりょう》も取り沙汰されていたのであるから、ここに道真の遺誡として語っているのは、すでにこれが書かれたのが道真が学問の神様になっていた時代であることの証左であろう。

これらに続けて、「右二巻之遺誡者、自㆓菅給事庸安朝臣㆒伝写之畢（右二巻の遺誡は、菅少納言庸安《つねやす》朝臣から伝写した）」という「元弘《げんこう》二年（一三三二）五月下旬　開府儀同《かいふぎどう》　藤原実純《さねずみ》」の年紀と署名のある奥書と、「右之遺誡者、依㆓青門主之恩眄㆒拝㆓写之㆒。尤儒門之秘文也（右の遺誡は、青蓮院門跡《しょうれんいんもんぜき》の恩顧によって拝写した。もっとも儒門の秘文である）」という「嘉吉《かきつ》二年（一四四二）十月二十二日　翰林学士　藤原定常《さだつね》」の年紀と署名のある奥書がある（なお、これらの人名は史料に見えない）。

『菅家遺誡』がこの年代に書写されたということであろうが、それも本当の話かどうか、いささか疑問なしとしない。

『菅家遺誡』の内容は、いかにも道真が訓戒したにふさわしい文脈に作られているが、とても道真の時代、また鎌倉時代にさえもあり得ないことも含まれている。いったい『菅家遺誡』がいつ頃、どのような人の筆によって創作されたのか、これは歴史学というより倫理学や思想史の問題なのであろう。

3　菅原道真と『菅家遺誡』

以上見てきた『菅家《かんけ》遺誡《ゆいかい》』は、中世や江戸時代の思想の影響を多分に受けたものであることは明らかである。それは道真《みちざね》が死後に受けた評価の変遷に大きく影響されたものであった。

道真は死後は怨霊《おんりょう》となり、延長《えんちょう》八年（九三〇）に内裏《だいり》清涼殿《せいりょうでん》に落雷して、大納言藤原清貫《きよつら》と右中弁平希世《まれよ》を震死《しんし》させたとされた。それのみならず、延喜《えんぎ》九年（九〇九）に藤原時平《ときひら》、延長元年（九二三）に東宮保明《やすあきら》親王、延長三年（九二五）に新東宮慶頼《よしより》王、延長八年に醍醐《だいご》天皇が死去したのも、道真の怨霊のしわざとされた。

北野天満宮

これを恐れた摂関家《せっかん》は、道真を天満宮《てんまんぐう》で祀《まつ》るとともに、正暦《しょうりゃく》四年（九九三）に時平と同じ正一位太政大臣《だいじょうだいじん》を贈り、摂関家の守護神としての性格を持たせた。

天慶《てんぎょう》五年（九四二）、右京七条に住む多治比文子《たじひのあやこ》に、北野《きたの》の右近馬場に祀れとの託宣《たくせん》があったが、文子は邸内に小祠を構えて祀った（後の文子天満宮《あやこてんまんぐう》）。後に天暦《てんりゃく》元年（九四七）に北野に社殿を建立したのが北野神社の創建と伝えられている。天徳《てんとく》三年（九五九）には藤原師輔《もろすけ》によって社殿が増築された。寛弘《かんこう》元年（一〇〇四）には一条《いちじょう》天皇によって初度の行幸《ぎょうこう》が行なわれた。

寛和《かんな》二年（九八六）に慶滋保胤《よししげのやすたね》が奉献した願文《がんもん》に、北野社を学問の神と仰ぐ信仰が認められ、長和《ちょうわ》元年（一〇一二）に作られた大江匡衡《まさひら》の祭文にも、「文道の大祖、風月の本主」と道真を讃している（『平安時代史事典』真壁俊信氏執筆）。

なお、道真は遺言によって大宰府《だざいふ》に葬られたが、『帝王編年記《ていおうへんねんき》』他の記述によると、御笠《みかさ》郡四堂の辺りに墓を築き葬ろうとして轜車《じしゃ》を引き出したが、途中で牛が止まって動かず、よってその所を廟所《びょうしょ》と定め安楽寺《あんらくじ》と称したとある。『菅家御伝記《かんけごでんき》』他によれば、二年余を経た延喜五年（九〇五）、道真の門生として京から随従《ずいじゅう》してきた味酒安行《うまさけのやすゆき》がはじめて祠《し》堂《どう》を創建し、天満大自在天神《てんまんだいじざいてんじん》と称したと伝える。これが太宰府天満宮《だざいふてんまんぐう》の創始である（『国

太宰府天満宮

史大辞典』味酒安則氏執筆)。

最後に、政治的な観点から見ると、道真以降、配所で死なれては大変ということで、国家に対する罪を犯したとされる人についても、寛大な処置が執られるようになったということが、最大の影響であったと言えるであろう。

安和《あんな》二年(九六九)の安和の変の源高明《たかあきら》や、長徳《ちょうとく》二年(九九六)の長徳の変の藤原伊周《これちか》についても、高明は二年後の天禄《てんろく》二年(九七一)、伊周は翌年の長徳三年(九九七)に罪を赦されて入京している。高明は天元《てんげん》五年(九八二)に六十九歳で死去し、伊周は寛弘七年(一〇一〇)に三十七歳で死去しているが、朝廷に席次を与えられている。

こうして日本は謀反《むへん》を企てた者も宥免《ゆうめん》する「平安」な時代を迎えたのである。これも道真の遺徳と言えようか。

第四章
醍醐天皇と『延喜御遺誡』

1　宇多・醍醐皇統の確立と朱雀天皇

寛平《かんぴょう》九年（八九七）七月に十三歳で即位《そくい》した醍醐《だいご》天皇は、一人の中宮《ちゅうぐう》（藤原基経《もとつね》の女《むすめ》の穏子《おんし》）、一人の妃《ひ》（為子《いし》内親王）、三人の女御《にょうご》、十二人の更衣《こうい》から（他にも子を生した宮人《みやびと》あり）、十八人の皇子と十九人の皇女を儲《もう》けた。十八人の皇子は、十二人（保明《やすあきら》・寛明《ゆたあきら》・成《なり》明《あきら》・常明《つねあきら》・式明《のりあきら》・有明《ありあきら》・克明《よしあきら》・代明《よりあきら》・重明《しげあきら》・時明《ときあきら》・長明《ながあきら》・章明《のりあきら》）が親王宣下《しんのうせんげ》を受け（うち、寛明が朱雀《すざく》天皇、成明が村上《むらかみ》天皇として即位）、六人（盛明《もりあきら》・高明《たかあきら》・兼明《かねあきら》・自明《よりあきら》・允明《すけあきら》・為明《ためあきら》）が源氏賜姓《げんじしせい》を受けた。なお、盛明と兼明の二人は、後に親王に復されている。

延喜《えんぎ》四年（九〇四）に第二皇子保明親王が立太子《りったいし》した。基経はすでに、寛平三年（八九一）に死去していたが、その嫡男《ちゃくなん》の時平《ときひら》や、同母弟の仲平《なかひら》・忠平《ただひら》に後見《こうけん》された保明皇太子の地位は安泰であるかに見えた。

しかし、延長《えんちょう》元年（九二三）三月に皇太子保明親王が死去し、直後の四月に続いて立太子した保明の子の慶頼《よしより》王（母は時平の女の仁善子《にぜし》）も、延長三年（九二五）六月に死去した。

その間、保明の生母の穏子が延長元年七月に第十四皇子寛明（後の朱雀天皇）を産んだ

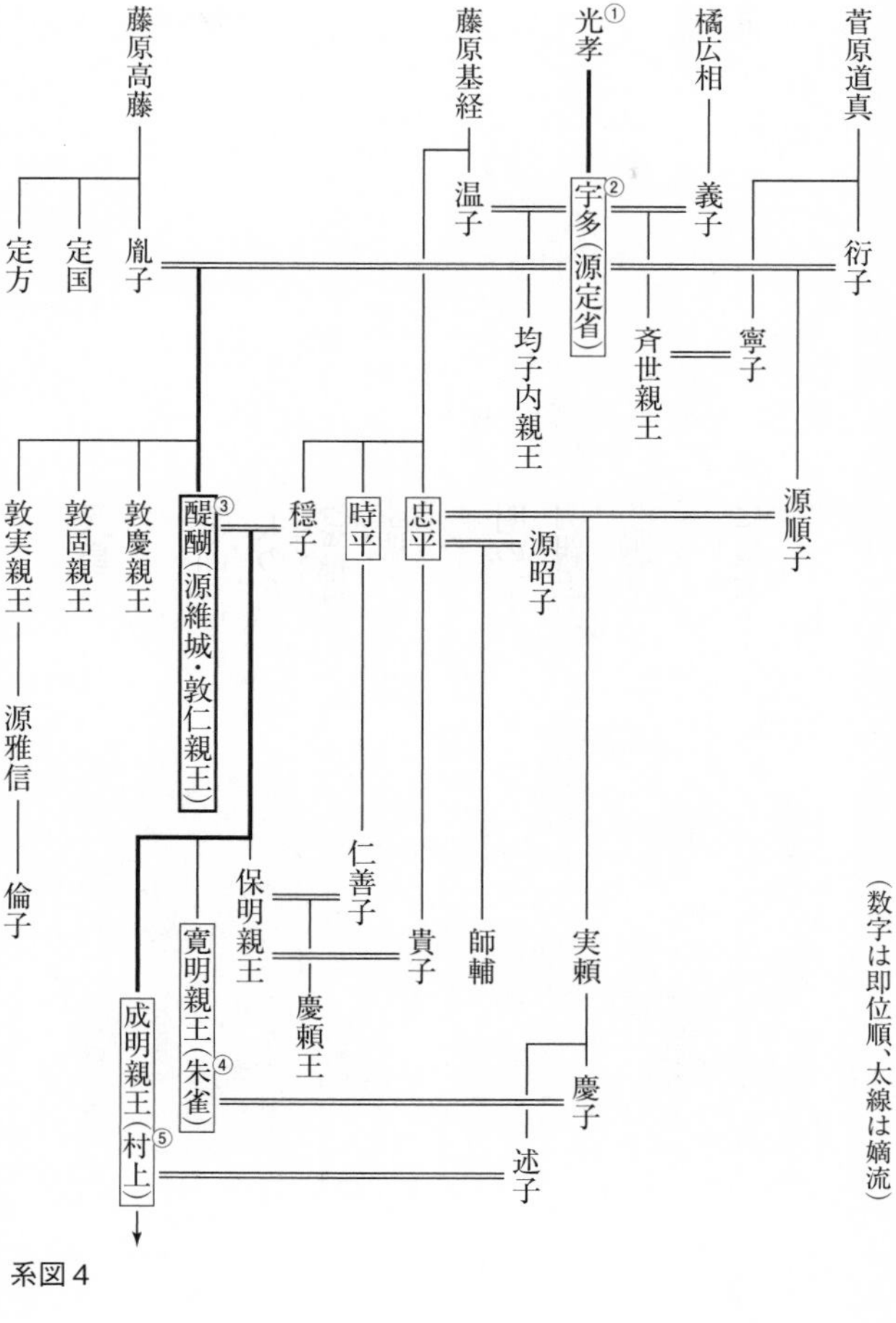
菅原道真
橘広相
光孝①
藤原基経
藤原高藤
衍子
義子
宇多②（源定省）
温子
胤子
定国
定方
寧子
斉世親王
均子内親王
源順子
忠平
時平
穏子
醍醐③（源維城・敦仁親王）
敦慶親王
敦固親王
敦実親王
源昭子
源雅信
倫子
実頼
師輔
貴子
仁善子
保明親王
慶頼王
寛明親王（朱雀）④
成明親王（村上）⑤
慶子
述子
（数字は即位順、太線は嫡流）

系図４

醍醐寺五重塔

のである。実に穏子としては二十年ぶりの皇子出産であるが、これは偶然ではない。時平はすでに延喜九年（九〇九）に死去していたが、後を継いだ忠平は、外戚《がいせき》の地位を確保するため、穏子所生の皇子を儲け、これを親王として確保する必要があったのである。寛明親王は慶頼王が死去した直後の延長三年十月に立太子した。

なお、中宮となった穏子は、延長四年（九二六）六月にも四十二歳で第十六皇子成明（後の村上天皇）を産んでいる。

そして延長八年（九三〇）九月二十二日に、醍醐は八歳の寛明皇太子に譲《じょう》位《い》し、二十九日、出家して金剛宝《こんごうほう》と称した後、四十六歳で死去した。ここに八歳の朱雀天皇が誕生したのである。こうして本来は皇位から遠い存在であった宇多《うだ》—醍醐皇統《こうとう》が確立し、摂関《せっかん》政治への道が拓かれたのである（倉本一宏『皇子たちの悲劇 皇位継承の日本古代史』）。

2 『延喜御遺誡』の内容

延長《えんちょう》八年（九三〇）九月二十二日に譲《じょう》位《い》した後、二十六日に醍醐《だいご》太上《だいじょう》天皇《てんのう》は新帝朱《す》雀《ざく》天皇に遺誡《ゆいかい》を残したとされる。『延喜御遺誡《えんぎのごゆいかい》』と称されるものである。次にその内容を検証してみよう。

『延喜御遺誡』は、まとまったものとして残されているのではない。その存在が記録されているのは、以下の四種の史料である。一つずつ見ていこう。遺誡に番号が付されていないものには、仮に番号を付けた。

A．『河《か》海抄《かいしょう》』巻五・賢木所引『吏《り》部王記《ほうおうき》』延長八年九月二十六日条

延喜御門、最後御薬之間、春宮〈朱雀院。〉七歳御時、御舅貞信公〈于㆑時左大臣。〉、為㆓御供㆒御㆑参㆑内。主上御対面之間、有㆓五个条之仰㆒。一者可㆑専㆓神事㆒。二者可㆑仕㆓法皇〈寛平御事也。〉㆒。三者可㆑聞㆓左大臣〈貞信公。〉訓㆒。四者可㆑哀㆓古人㆒。其外一个条、御忘却。春宮御退出之時、左大臣、被㆑奉㆑問㆑之〈非㆑記㆓正文㆒。取㆑意。〉。

延喜御《えんぎのみ》門《かど》（醍醐天皇）が最後の御病悩の際、東宮（寛明《ゆたあきら》親王）〈朱雀院。〉が七歳の御時、御舅《おじ》の貞信公《ていしんこう》（藤原忠平《ただひら》）〈時に左大臣。〉を御供として内裏《だいり》に参られた。主上（朱雀天皇）と御対面の際、五箇条の仰せがあった。一は、神事を専《もっぱ》らにすること。二は、法皇《ほうおう》〈寛平《かんぴょう》（宇《う》多《だ》上皇）の事である。〉に仕えること。三は、左大臣〈貞信公。〉の訓

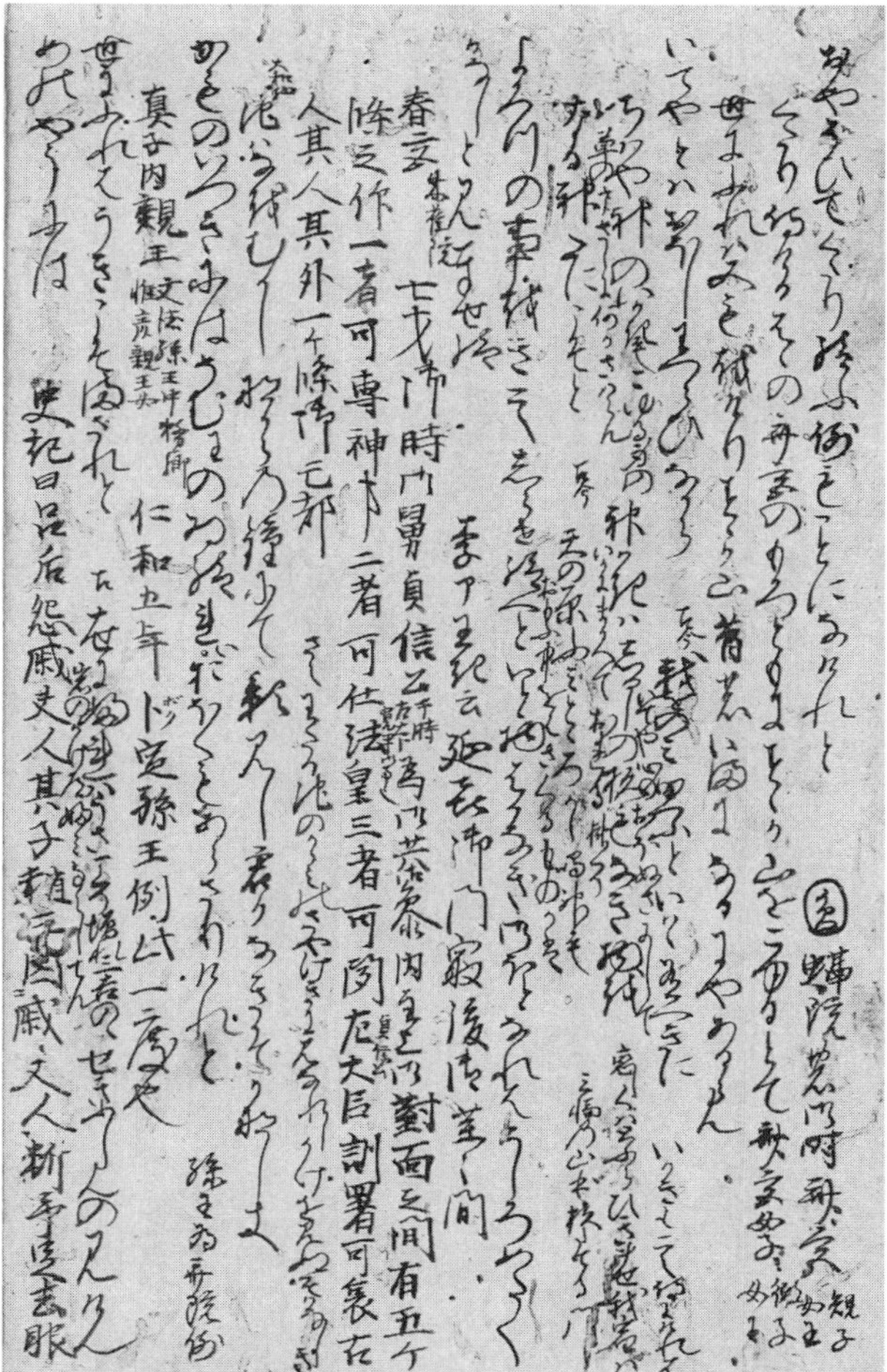

『延喜御遺誡』(『河海抄』巻五・賢木所引『吏部王記』延長八年九月二十六日条．宮内庁書陵部蔵)

を聞くこと。四は、古人《こじん》を哀れむこと。その他の一箇条は忘れられた。東宮が退出される時、左大臣が問い奉られた〈正文を記したものではない。趣旨を取った。〉。

室町時代の貞治《じょうじ》年間（一三六二—六八）に将軍足利義詮《よしあきら》の命によって四辻善成《よつつじよしなり》が撰進した『源氏物語《げんじものがたり》』の注釈書である『河海抄』に、醍醐天皇の第四皇子である重明《しげあきら》親王が記録した『吏部王記』延長八年九月二十六日条が引用されている。史料の性格から考えるに、その内容は信頼の置けるものである。ただし、寛明親王は当時は八歳である。

「御遺誡《ごゆいかい》」の内容は、以下の五つであった。

1. 神事を専らにすること。
これは日本の天皇としての当然の訓戒であった。

2. 宇多法皇に仕えること。
宇多は翌年の承平《じょうへい》元年（九三一）まで存命していた。醍醐としては、天皇家の長である宇多にもよく仕えるように訓戒したのであろう。

3. 忠平の訓を聞くこと。

時平《ときひら》亡き後、政権の座にあって新政を主導していたのは、同母弟の忠平であった。醍醐の治世中には関白《かんぱく》に就かなかった忠平であったが、幼帝の朱雀が即位するとなると、その外舅《がいきゅう》として摂政《せっしょう》への就任が当然視されていたはずである。その訓導に随うように訓戒するのは、当然のことであった。なお、朱雀が成人した天慶《てんぎょう》四年（九四一）には、忠平は関白となっている。

4．古人を哀れむこと。

「古人」とは、昔の人、また昔のすぐれた人のことであり、老人のことも意味する。これが誰を指すのか、追々明らかにしていきたい。

5．忘れた。

朱雀天皇は「御遺誡」が五項目あることは覚えていたのであろうが、五項目目は忘れてしまったようである。考えてみれば、その場で紙に書き留めることもできなかったであろうから、四項目目まで覚えていたというだけでも、大したものである。

B．『西宮記《さいきゅうき》』前田家本巻十一甲・臨時戊・天皇譲位事裏書所引『吏部王記』延長八年九月二十六日条上請三之入二几帳内一。命レ以下可レ聴二左大臣訓一、及眷二旧人一之由上。

上（朱雀天皇）は、几帳《きちょう》の内に入ることを請うた。左大臣（藤原忠平）の訓を聴くべきこと、および旧人を眷顧《けんこ》しなければならないということをおっしゃった。

次にこれも醍醐皇子（第十皇子）である源高明《たかあきら》が編纂した儀式書である『西宮記』に引用された『吏部王記』の同日条である。『河海抄』では誰が「御遺誡」を聞いていたのかが曖昧であったが、ここではそれが朱雀天皇であったことが明記されている。その内容は、以下のとおりである。

まず地の文では、前に付した番号でいうと、3と4について、

3．左大臣の訓を聴くべきこと。

これはAと異なり、「聞く」ではなく「聴く」となっている。「聴く」にはたんに耳で聞くといった意味のほかに、「聴政」という言葉があるように、政事《まつりごと》をみるという意味もある。そうすると、摂政忠平の行なう政治に随うようにといったニュアンスも感じとれる。「きく」という言葉を違う漢字で表記しただけかもしれないが。

4．旧人を眷顧しなければならないということ。

『河海抄』が「古人」と記しているのに、こちらは「旧人」となっている。「旧人」とは、古くからいる人のことである。

C．『西宮記』前田家本巻十一甲・臨時戊・天皇譲位事裏書所引『吏部王記』延長八年九月二十六日条

或云、今上還語㆓左大臣㆒曰、太上皇命㆓我五事㆒。朕屈㆑指数㆑之。唯忘㆓一事㆒。其四事分明〈敬㆓神祇㆒。奉㆓法皇㆒。聴㆓左大臣訓㆒。眷㆓旧人㆒也云々。〉。対観之時、上不㆓冠帯㆒云々。此時女蔵人候㆓麗景殿侍所㆒。近衛中少将候㆓常寧殿南廊㆒。有㆑頃、今上還㆓‐御本殿㆒。

或いは云ったことには、「今上《きんじょう》（朱雀天皇）が還って左大臣に語って云ったことには、『太上皇（醍醐天皇）は我（朱雀天皇）に五つの事をおっしゃった。朕（朱雀天皇）は指を折ってこれを数えたが、ただ一事を忘れた。その四事は明らかである〈神祇《じんぎ》を敬え。法皇（宇多上皇）に奉仕せよ。左大臣の訓を聴け。旧人を眷顧せよ』と云うことだ。〉」と。「対観《たいきん》の時、上皇は冠を帯していなかった」と云うことだ。この時、女蔵人《にょくろうど》は麗《れい》

景殿《けいでん》の侍 所《さむらいどころ》に伺候していた。近衛中少将は常 寧殿《じょうねいでん》の南廊《なんろう》に伺候していた。しばらくして、今上は清涼 殿《せいりょうでん》に還御した。

同じ『西宮記』に、別に「或いは云はく、」として、四項目が語られている。

1. 神祇を敬え。

これは『河海抄』に引かれたものとは違って、神祇そのものを敬えと訓戒している。どちらが正しいのか、今となってはわからないが、聞いたのが数え年八歳の幼帝なのであるから、多少の聞き間違いはあるであろう。しかも、朱雀が忠平に語り、それを重明が聞いて、翌朝にでも記録しているのであるから、なおさらである。

2. 宇多法皇に奉仕せよ。

これはほぼ同文。もしかしたら『河海抄』の「寛平御事也」は、重明か善成か後世の書写者が補った注かもしれない。

3. 左大臣の訓を聴け。

これも『河海抄』とほぼ同文。朱雀の脳裡に深く刻まれたのであろう。

4. 旧人を眷顧せよ。

これは地の文（B）と同文。

5．忘れた。

幼帝が指を折ってこれを数えたが、ただ一事を忘れたとある。後から指を折って思い出した情景が目に浮かぶようである。くりかえすが、よくも満七歳二箇月の幼帝が、四つまで思い出したものであると、感嘆せざるを得ない。

最後にもう一つ、これが『延喜御遺誡』そのものなのかどうかはわからないのだが、参考になる史料を挙げよう。醍醐が「御遺誡」を遺した二年後の承平二年（九三二）の『吏部王記』の記事である。

D．『政事《せいじ》要略《ようりゃく》』巻二十八・年中行事・十一月上所引『吏部王記』承平二年十二月二十一日条

謁二中務卿親王一諮云、先皇大漸之間、余等三人預三奉顧命二事一。而二事已行。唯以二左大臣一為二太政大臣一之事、公家未レ被レ行。年来謂三右大臣可二奉行一。而大臣已薨、其事未レ行。若大臣已奏二公家一未レ被レ行歟。将大臣脱不二奏聞一歟。是誠有レ疑。中務卿親王云、大臣嘗有二此説一。其趣似レ被二伝申一。唯坏酒之間、諸人雑乱。仍未レ了二其語一。故不レ能二慥詳一。唯三人已奉二遺勅一。而大臣已薨、

事猶未レ行。同奉之人今因二事不審一、令二洩奏一可レ無二殊難一。余云、愚意所レ思亦復如レ是。即定下可レ令二左大将奏一之由上。

中務卿親王（代明《よりあきら》親王）に拝謁《はいえつ》し、語って云ったことには、「先皇《せんこう》（醍醐天皇）が重病の際、我ら三人は、遺命として三つの事を預かり奉った。そして二つの事は、すでに行なわれた。ただ、左大臣を太政大臣《だいじょうだいじん》とする事は、公家《くげ》（朱雀天皇）は未だ行なわれていない。数年来、『右大臣（藤原定方《さだかた》）が奉行するように』と謂われていた。ところが大臣（定方）は、すでに薨去《こうきょ》し、その事は未だ行なわれていない。もしかしたら大臣は、すでに公家に奏上したとはいっても、未だ行なわれていなかったのか。それとも大臣は、漏らして奏聞しなかったのであろうか。これは誠に疑いが有る」と。中務卿親王が云ったことには、「大臣は、かつてこれを説いたことが有った。その趣旨は、天皇に定方を通して伝え申されたようである。ただ、盃酒《はいしゅ》の間であって、諸人が雑乱していた。そのために最後まで語り終わらなかった。故に確かに明らかにすることはできない。ただ、三人が、すでに遺《い》勅《ちょく》を承った。ところが大臣は、すでに薨去し、事はやはり未だ行なわれなかった。同じく承った人が、今、事が不審であるので、洩らし奏させることは、特に非難は無いであろう」と。私（重明親王）が云ったことには、「私が思うところは、またまたこのとおりである」と。すぐに左大将（藤原仲《なか》平《ひら》）を介して奏上させるということを定めた。

これによると、遺詔《いしょう》を聞いたのは、「我ら三人」、つまり藤原忠平・代明親王・重明親王であった。代明親王というのは、醍醐の第三皇子である。第一皇子の克明《よしあきら》親王は延長五年（九二七）、第二皇子の保明《やすあきら》親王は延長元年（九二三）にすでに死去していたので、二十七歳の第三皇子と二十五歳の第四皇子が、これを聞いたのであろう。

ここでは醍醐が重病の際、とあるから『延喜御遺誡』を遺すよりもいくぶん前のことだったのであろう。醍醐は遺詔として三つの事を語ったとある。そのうち二つの事は、すでに行なっているが、左大臣忠平を太政大臣とする事は、未だ行なわれていないと言っている。

なお、定方はこの承平二年の八月に死去しているが、忠平は承平六年（九三六）に太政大臣に任じられている。「二つの事」が結局何を指すのかは、わからない。

それはさておき、注目すべきは、『延喜御遺誡』では触れられていない藤原定方がここでは語られていることである。『延喜御遺誡』の「4．古人（または旧人）を眷顧せよ」という古人（または旧人）は、外戚《がいせき》（醍醐の生母である胤子《いんし》の同母兄）の定方のことだったのであろうか。

はたまた、「4．古人（または旧人）を眷顧せよ」とは別に、あるいはこれが忘れてしまった5だったのであろうか。もしそうだとすると、忠平たち藤原氏嫡流《ちゃくりゅう》に比べて、徐々に地位を低下させていっている高藤《たかふじ》流の定方（兄の定国《さだくに》はすでに延喜六年〈九〇六〉に大納言で死去している）に奉仕すべきことを命じた醍醐の遺誡を、忠平たちは故意に、または無意識に忘れてしまったのかもしれない。

なお、死去に際して、醍醐は忠平と代明親王・重明親王に遺詔を遺した。『醍醐寺雑事《だいごじぞうじ》記《き》』所引『吏部王記』延長八年九月二十九日条には、次のように見える。

丑時、院御病大漸。…左大臣進二御所一、請二遺詔一及請レ還二啓陣一。上不レ許二還陣一。乃命レ以下不レ可レ上二謚号一、及以二左大臣一為二太政大臣一、醍醐寺施入供米宛二年分度者一之由上。又召二弾正親王及余一。同承レ之。又、急召二左大臣一、去二左右一命二密事一。大臣還レ宮。大二赦天下一、八虐以下悉原レ之。祈二聖躬一是例。午四刻、上西首・右脇登霞。春秋四十有六。

丑刻、院の御病は重篤となった。…左大臣は御所に進んだ。遺詔を請い、および啓陣《けいじん》を還すことを請うた。上（醍醐天皇）は還陣《かんじん》を許さなかった。そして諡号《しごう》を奉上してはならないこと、および左大臣を太政大臣とすること、醍醐寺に施入した供米《くまい》は年分《ねんぶん》度者《どしゃ》に充てるということを命じた。また、弾正親王（代明親王）および私（重明親王）を召した。同じくこれを承った。また、急いで左大臣を召し、左右の者を去らせて密事《みつじ》をおっしゃった。大臣は宮に還った。天下に大赦し、八虐以下、すべてこれを赦した。聖体を祈るのは、これは通例である。午四刻、上は西頭《にしがしら》・右《う》脇臥《きょうが》で崩御《ほうぎょ》された。行年四十六歳。

先ず忠平に、自分に諡号（おくりな）を奉上しないこと、忠平を太政大臣とすること、醍醐寺に施入した供米は年分度者に充てること、の三箇事を遺詔した。ついで代明親王と重明親王を召して同じ遺詔を伝えた。これは御遺誡ではなく、普通の遺詔である。

ただ、その後でふたたび忠平を召し、他の者を立ち去らせて、何事かの「密事」を伝えたというのは、興味深い。そこで伝えた遺詔こそ、権力の中枢に関わる秘事だったのであろうが、残念ながら『吏部王記』をはじめとする諸史料には残されていない。もちろん、忠平の記録した『貞信公記《ていしんこうき》』も、「上皇は山座主《やまのざす》（尊意《そんい》）に三帰《さんき》三聚浄《さんじゅじょう》戒《かい》を受けた。未剋、右近衛府で崩御した。行年四十六歳」という短い記事が残るだけである。

3　醍醐天皇と『延喜御遺誡』

朱雀《すざく》天皇が即位し、藤原忠平《ただひら》が「幼主《ようしゅ》（朱雀天皇）を保輔し、政事《まつりごと》を摂行《せっこう》（代わって行なうこと）せよ」という醍醐《だいご》太上《だいじょう》天皇《てんのう》の詔によって摂政に補された（『日本紀略《にほんきりゃく》』）時点から、村上《むらかみ》天皇・一条《いちじょう》天皇など例外的な時期を除いて、天皇幼少時に摂政、成人後に関白《かんぱく》が必ず置かれるようになった。藤原良房《よしふさ》や藤原基経《もとつね》の時代には、太政《だいじょう》大臣《だいじん》と摂政・関白との区別が明確ではなかったので、これ以降を摂関《せっかん》政治の時代と称する。こうして日本はあらたな時代を迎えることとなったのである。

朱雀には皇子がなかったので、同母弟の成明《なりあきら》親王（後の村上《むらかみ》天皇）を東宮（皇太弟）としていた。この時期には天皇家最年長者としての藤原穏子《おんし》の権威は尊重され、宮廷の事項全般にわたって強い発言権を保持していた。朱雀の譲《じょう》位《い》も穏子の意《い》趣《しゅ》を受けたものと言われる（『山槐記《さんかいき》』）。

なお、醍醐天皇陵は、醍醐寺の北に「後山科陵《のちのやましなのみささぎ》」として治定《じじょう》されている。墳形は円丘であるという。当初から醍醐寺の管理下にあったため、平安時代の天皇陵のなかで、院政《いんせい》期のいくつかを除けば、唯一の真陵《しんりょう》とされている。というより、七世紀末の天武《てんむ》天皇・持統《じとう》天皇を合葬した檜隈大内陵《ひのくまのおおうちのみささぎ》（野口王墓《のぐちおうぼ》古墳）以来、約二四〇年ぶりの真陵である。

後代、醍醐の時代は村上の時代と並べて、天皇親政《しんせい》が行なわれた「延喜《えんぎ》・天暦《てんりゃく》の治」と聖代《せいだい》視され、醍醐も「延喜の聖帝《せいてい》」と称されて数々の聖帝説話が作られるが、それは醍醐や村上の時代に藤原氏官人に摂関に相応しい高官がいなかったという偶然と、文人《ぶんじん》貴族を人事的に優遇したという傾向が合わさって、主に後世の文人が唱えたものである（林陸朗『上代政治社会の研究』）。

それは「摂関政治」と呼ばれる政治体制の確立と不可分のものであった。藤原実頼《さねより》や藤原頼忠《よりただ》など、本来は藤原氏嫡流《ちゃくりゅう》であった小野宮《おののみや》流を政権から遠ざけ、九条《くじょう》流藤原師輔《もろすけ》の男である伊尹《これまさ》・兼通《かねみち》・兼家《かねいえ》といった兄弟が政権抗争を起こすという歴史が、皇統《こうとう》の選別と確立をもたらしたのである。

本来は嫡流ではなかった醍醐や村上に聖帝説話が作られた一方で、皇統を嗣ぐことので

醍醐天皇陵

きなかった陽成《ようぜい》や冷泉《れいぜい》、花山《かざん》など本来の嫡流の天皇には、「狂気」説話が作られることになった。そこには、あらたな皇統の祖となった「聖帝」の子孫たち、また皇統を確立させた摂関家の子孫たちの政治的思惑が見え隠れしている。

第五章

藤原師輔と『九条右丞相遺誡』

1　小野宮流・九条流と藤原師輔

藤原忠平《ただひら》の後、政権を担当したのは、一男で小野宮《おののみや》流の左大臣藤原実頼《さねより》と、次男で九条《くじょう》流の右大臣藤原師輔《もろすけ》であった。太政官首班の座にあった嫡男《ちゃくなん》の実頼であったが、村上《むらかみ》天皇との血縁関係は薄く、姻戚関係も、師輔の女《むすめ》の安子《あんし》が三人の皇子を産んだのに対し、実頼の女の述子《じゅつし》は皇子女を生すことはなかった。師輔の記録した『九暦《きゅうれき》』逸文《いつぶん》には、天暦《てんりゃく》四年（九五〇）に村上・朱雀《すざく》・穏子・師輔が「密かに」策を定めて、安子所生で生後二箇月の憲平《のりひら》親王（後の冷泉《れいぜい》天皇）の立太子《りったいし》を進めたことが見える。

第一皇子の広平《ひろひら》親王は南家《なんけ》で中納言の藤原元方《もとかた》しか後見を持っていなかったことから、第二皇子憲平の立太子となったとされる。元方は天皇の外戚《がいせき》となる望みを失って憤死《ふんし》し、怨霊《おんりょう》となったと見なされた。

師輔は、伊尹《これまさ》・兼通《かねみち》・兼家《かねいえ》・安子などを産んだ藤原盛子《せいし》のほか、醍醐《だいご》天皇第四皇女の勤子《きんし》内親王、第十皇女の雅子《がし》内親王（為光《ためみつ》の母）、第十四皇女の康子《こうし》内親王（公季《きんすえ》の母）といった醍醐皇女と結婚するなど、天皇家とのミウチ的結合に腐心した。ただし、師輔は外孫

九条殿故地

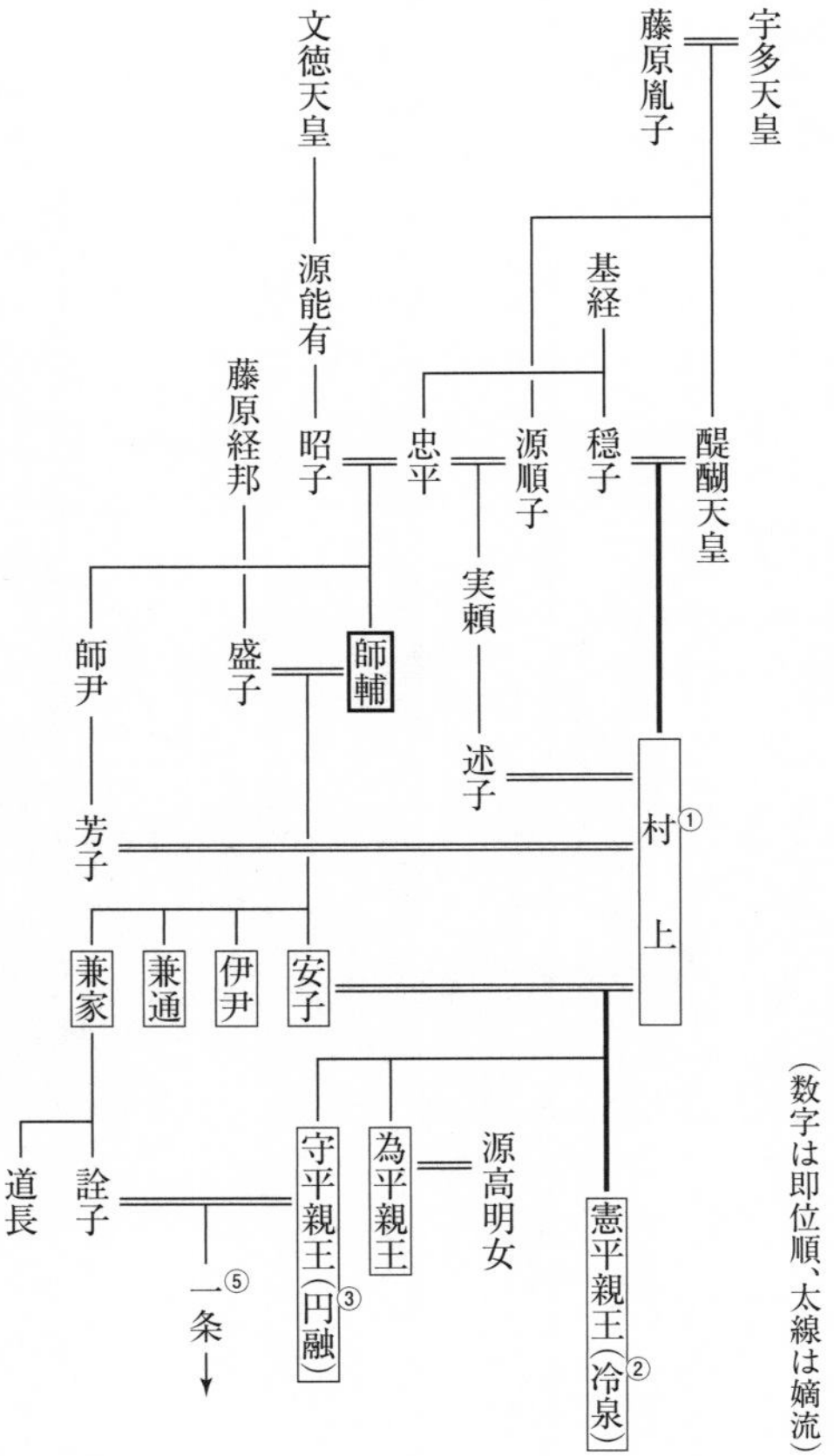
宇多天皇
藤原胤子
文徳天皇
基経
源能有
藤原経邦
醍醐天皇
穏子
源順子
忠平
昭子
実頼
師輔
盛子
師尹
述子
村上①
芳子
安子
伊尹
兼通
兼家
憲平親王（冷泉）②
為平親王
源高明女
守平親王（円融）③
詮子
道長
一条⑤
（数字は即位順、太線は嫡流）

系図５

の即位を見ることなく、天徳《てんとく》四年（九六〇）に死去している（倉本一宏『藤原氏　権力中枢の一族』）。

師輔は摂関の座に就けなかったが、嫡妻である藤原盛子の産んだ三兄弟のうち、伊尹は円融《えんゆう》天皇の摂政　太政　大臣《せっしょうだいじょうだいじん》、兼通は円融天皇の内覧《ないらん》・関白《かんぱく》太政大臣、兼家は一条《いちじょう》天皇の摂政太政大臣と、それぞれ政権を担当し、兼家の子孫が後の摂関家につながることとなった。師輔は九条流摂関家の祖として、後世にも崇敬を集めた。

2　『九条右丞相遺誡』の内容

その藤原師輔《もろすけ》が「遺誡《ゆいかい》並びに日中行事」として、「造次（すぐに）座右に張るように」と注記し、師輔の父忠平《ただひら》の教え（「貞信公教　命《ていしんこうきょうみょう》」）と師輔自身が古賢《こけん》を訪ねて知り得た要点を子孫に伝えるために、日々の行事作法や公卿としての心がけについて、二十六条にわたって記したのが、『九条《くじょう》右丞　相《うしょうじょう》遺誡《ゆいかい》』である。『九条　殿遺誡《くじょうどのゆいかい》』ともいう。『九条　殿日中　行事《くじょうどのにっちゅうぎょうじ》』という名で書写された写本もある。なお、「右丞相」とは右大臣の唐名である。

実際に子孫である摂関家に信奉され、伊尹《これまさ》のごときはこの遺誡を守らなかったために夭《よう》死《し》したと、『大鏡《おおかがみ》』に語られた。『台記別記《たいきべっき》』『古事談《こじだん》』『愚管抄《ぐかんしょう》』『明月記《めいげつき》』などにも、この書について見えている。菊亭《きくてい》旧侯爵家に三条西実隆《さんじょうにしさねたか》自筆本からの写本があり、東洋文庫に広橋光業《ひろはしみつなり》写本『制誡《せいかい》』（前欠）もある（『国史大辞典』藤木邦彦氏執筆）。

それでは、『九条右丞相遺誡』の本文に仮に番号を付けて現代語訳し、それぞれ解説を付していく。本文は尊経閣文庫《そんけいかくぶんこ》本を底本とした山岸徳平・竹内理三・家永三郎・大曾根章介校注『古代政治社會思想』（日本思想大系）によるが、適宜、『群書類従《ぐんしょるいじゅう》』を底本とした山本眞功編註『家訓集』（東洋文庫）との異同を参照する。

遺誡并日中行事〈造次可㆑張㆓座右㆒、〉

遺誡および日中行事〈すぐに身の側に置いて座右に張るように。〉

一

先起称㆓属星名字㆒七遍〈微音。其七星、貪狼者子年、巨門者丑・亥年、禄存者寅・戌年、文曲者卯・酉年、廉貞者辰・申年、武曲者巳・未年、破軍者午年。〉。

先ず起きて属星《ぞくしょう》の名前を称すること七回〈かすかな声。その七星は、貪狼星《とんろうしょう》は子《ね》の年、巨門星《こもんしょう》は丑《うし》・亥《い》の年、禄存星《ろくぞんしょう》は寅《とら》・戌《いぬ》の年、文曲星《もんごくしょう》は卯《う》・酉《とり》の年、廉貞星《れんじょうしょう》は辰《たつ》・申《さる》の年、武曲星《むごくしょう》は巳《み》・未《ひつじ》の年、破軍星《はぐんしょう》は午《うま》の年である。〉。

第一条からは、朝起きてから行なうべき行動（「日中行事」）についての訓戒が並ぶ。まず属星の名前を七回、称せと命じている。属星とは、生年によってその人の生涯を支配する本命星《ほんみょうしょう》（北斗七星の各星および金輪《こんりん》星、妙見《みょうけん》星のいずれかの星）と、年度によって変わる当《とう》年星《ねんしょう》（九星のいずれかの星）とのことである。たとえば私は戌《いぬ》年生まれなので、禄存星だったりするが、その名前をかすかな声で称せというわけである。

二

次取レ鏡見レ面、見レ暦知二日吉凶一。次取二楊枝一向レ西洗レ手。次誦二仏名一及可レ念下尋常所二尊重一神社上。次記二昨日事一〈事多日々中可レ記レ之。〉。

次に鏡を取って顔を見、暦を見て日の吉凶《きっきょう》を知れ。次に楊枝《ようじ》を取って西に向かい、手を洗え。次に仏の名を唱えて、日ごろ常に尊重している神社を念じるように。次に昨日の事を記せ〈事が多い時はその日のうちに記すように。〉。

第二条は、その後の行動についての訓戒。鏡に自分の姿を写して形態の変化をうかがえ、ついで暦を見て日の吉凶を知れと命じている。暦というのは具注暦《ぐちゅうれき》のことであるが、暦を見て、今日はどんな行事があるのか、また何をするのにいい日だ、何をするのに悪い日だと判断せよということである。これが貴族としてもっとも重要なこととなる。『御堂関白記《みどうかんぱくき》』の自筆本の具注暦には、毎日の日付の下に、このような吉凶が記されている。暦については、後に詳しく訓戒している。

ついで楊枝を使い、西に向かって手を洗えと命じている。楊枝とは現在の爪楊枝のことではなく、柳の先を歯ブラシのように房状にしたものである。西を向いて手を洗えというのは、西が浄土《じょうど》と考えられていたためであろうか。ついで仏名を誦し、神社を念じよと命じている。これも生まれ年によって仏が決まっていて、たとえば戌年生まれだと阿弥陀《あみだ》仏である。また自分の信仰する神社も、氏神《うじがみ》をはじめ決まっているわけである。

そして日記（古記録《こきろく》）について命じている。第九条で具体的に訓戒しているが、ここで

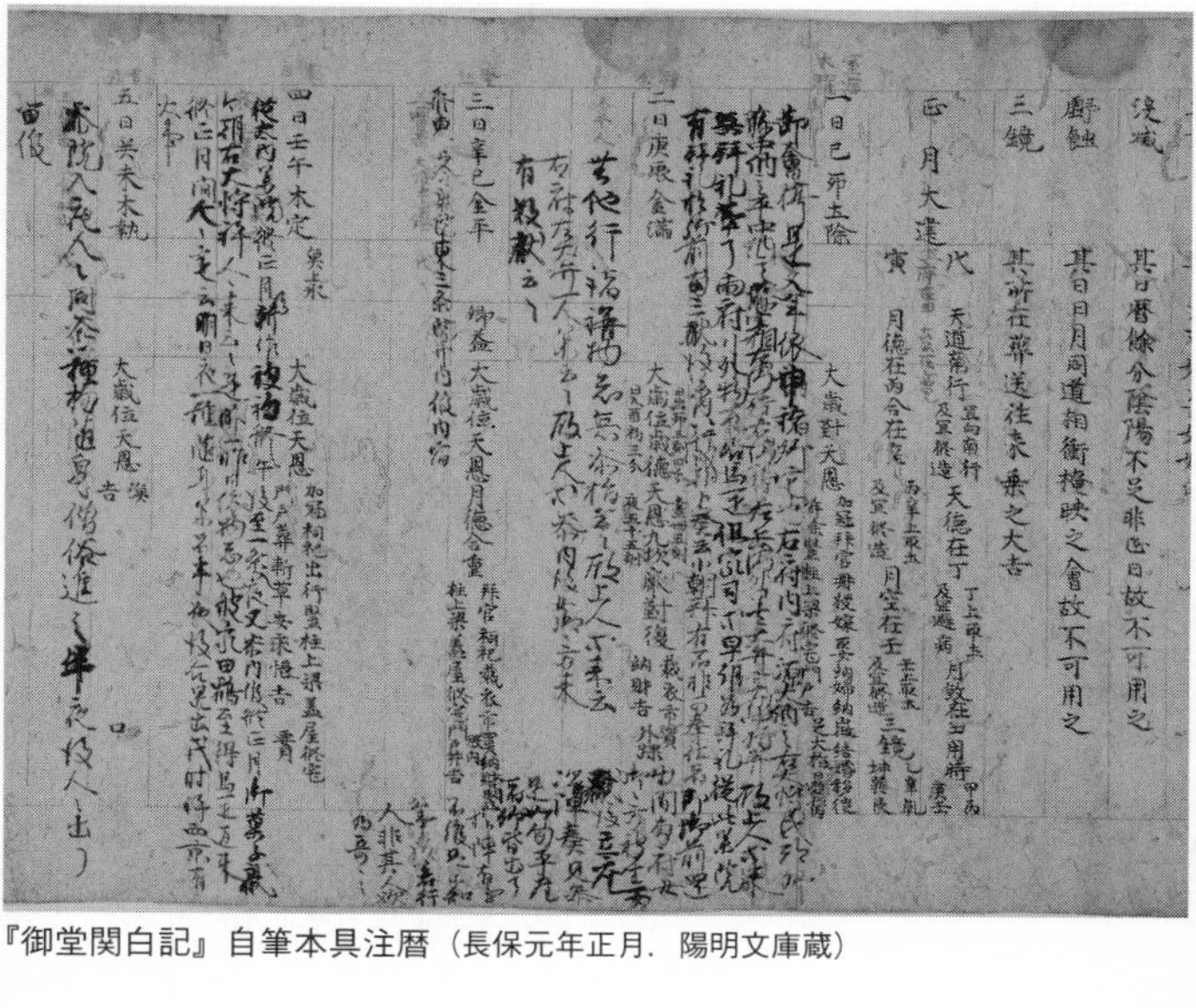

『御堂関白記』自筆本具注暦（長保元年正月．陽明文庫蔵）

は「昨日のことを記す」、ただし「事が多いときはその日のうちに記す」とある。日記は本来、翌日の朝起きて書くものとされていたことがわかるが、すべての貴族が、すべての日について、翌朝に記していたわけではないことも、また明らかである。いずれにしても、第三条に粥《かゆ》を食べるとある前に日記を記すと命じているのは、恐るべきことである。

三

次服レ粥。次梳レ頭〈三ヶ日一度可レ梳レ之。日々不レ梳。〉。次除二手足甲一〈丑日除二手甲一、寅日除二足甲一。〉。

次に粥《かゆ》を食べよ。次に頭を整えよ〈三日に一度、整えるように。毎日は整えない。〉。次に手足の爪を切れ〈丑の日に手の爪を切り、寅の日に足の爪を切れ。〉。

第三条は、これもその後の行動についての訓戒。粥を食べ、三日に一度、頭を整え、丑の日に手の爪を切り、寅の日に足の爪を切れと命じている。

このうち、粥というのは、米を甑《こしき》で蒸した「例の飯」（現在の白おこわ）に対し、煮たものをいう。姫飯《ひめいい》とも言って、現在のごはんに近いものである。よく平安時代は一日二食であったと言われるが、朝飯の前にこの粥を食べていて、その際に副菜も食べたはずであるから、現在の朝食とあまり変わりはなかったのである。

三日に一度しか頭を整えなかったというのは驚きであるが、簡単な整髪は、もちろん毎日行なっていたのであろう。爪を切る日が決まっていたのも、現在とは異なるが、これは具注暦に記されている日の吉凶に基づくものであろう。十二日に一回というのも、まあそんなものかと思われる。

四

次択レ日沐浴〈五ヶ日一度。〉。沐浴吉凶〈黄帝伝曰、凡毎月一日沐浴短命。八日沐浴命長。十一日目明。十八日逢二盗賊一。午日失二愛敬一。亥日見レ恥云々。悪日不レ可レ浴。其悪日寅・辰・午・戌・下食日等也。〉。

次に日を選んで沐浴《もくよく》せよ〈五日に一度である。〉。沐浴する日の吉凶がある〈『黄帝《こうてい》伝《でん》』に云ったことには、「およそ毎月の一日に沐浴すると短命である。八日に沐浴すると命が長い。十一日は目が明るくなる。十八日は盗賊に逢う。午の日は愛敬《あいきょう》を失なう。亥の日は恥を見る」と云っている。悪い日には沐浴してはならない。その悪い日は寅・辰・午・戌・下食日《げじきにち》である。〉。

第四条は、沐浴についての訓戒。沐浴は湯浴《あ》みともいい、髪を洗い、身体を洗うこと。湯や水を浴びて、身体を清めることである。湯舟に全身を浸ける入浴を行なうようになったのはおそらく江戸時代になってからのことで、当時は風呂といっても現在のミストサウナのようなものだったものと思われる。法華寺《ほっけじ》に浴堂《よくどう》が遺り、飛鳥《あすか》の川原寺《かわらでら》の発掘調査で釜が出土している。

一般的な貴族の沐浴は、『小右記《しょうゆうき》』などに例が出てくるが、おそらくは湯浴みだったのであろう。これも日によって吉凶が決められていたことがわかる。夏などは毎日入った方がいいのではないかと思うのだが、それもあって彼らは装束に香を燻《た》きしめたのであろう。

『黄帝伝』は未詳の陰陽書。下食とは、陰陽《おんみょう》道《どう》で、天狗《てんぐ》星の精が下界に下って食を求めることで、その日を下食日または歳下《さいげ》食《じき》といい、六十日に一度あり、沐浴、剃髪、種蒔、植物の移植などに凶の日とされる（『日本国語大辞典』）。

五

次有下可二出仕一事上、即服二衣冠一不レ可二懈緩一。会レ人言語莫二多語一。又莫レ言二人之行事一。唯陳二其所レ思兼触事一、不レ可レ言二世人事一也。人之災出レ自レ口。努々慎レ之々々。又付二公事一可レ見二文書一。必留レ情可レ見。

次に出仕《しゅっし》しなければならないことが有れば、衣冠《いかん》を着して懈《おこた》り緩《ゆる》んではならない。人に会っても言語を多く語ってはならない。また他人の行ないについて言ってはならない。ただその思うところと、あらかじめ関わったことを述べて、世の人のことを言ってはならない。人の災は口から出る。きっと慎しみ慎しめ。また公事《くじ》については文書《もんじょ》を見るように。必ず心に留めて見るように。

第五条は、朝廷への出仕についての訓戒。きちんと衣冠を着すこと、多くを語らないこと、他人の行ないを言わないこと、公事について文書を見ること、を命じている。これらが師輔、ひいては貴族社会の処世術だったのであろう。わざわざ訓戒しているということは、このようでない貴族も多かったのであろうか。

衣冠は公家用の装束の一種で、参朝用の束帯の略装のこと。束帯《そくたい》を昼装束《ひのしょうぞく》と呼ぶのに対して、宿衣《とのいぎぬ》ともいう（『国史大辞典』鈴木敬三氏執筆）。

公事は朝廷の政務や儀式のこと。これが貴族にとってもっとも重要な職務ということになる。当時は公事を法令や先例どおりに、また道理のままに遂行することが求められたから、蓄積された文書や父祖の日記（古記録）の重要性が強調されたのである。

六

次朝暮膳、如レ常勿二多飡一、勿二多飲一。又不レ待二時剋一不レ可レ食之。詩云、戦々慄々、日慎二一日一、如レ臨二深淵一、如レ履二薄氷一、長久之謀能保二天年一。

次に朝夕の膳は、通常のようなときは多く食ってはならない、多く飲んではならない。また時剋《じこく》を待たずに食ってはならない。『詩経《しきょう》』に云ったことには、「戦々慄々《せんせんりつりつ》として、毎日慎しむことは、深い淵に臨むようなもので、薄い氷を踏むようなものである」といっている。長久《ちょうきゅう》の謀《はかりごと》は、よく天寿《てんじゅ》を保つものである。

第六条は、飲食についての訓戒。多食多飲を戒め、時刻どおりの食事を命じている。これも健康と長寿のためであると言っている。

『詩経』は儒教の基本的文献である五経の一つで、春秋《しゅんじゅう》時代にすでに士大夫《したいふ》階級の必修の教養となっていたという（『国史大辞典』宇野精一氏執筆）。

当時の上級貴族の食事は、特に宴会になると膨大な数の副菜が登場し、大量の飯も食べたし、加えて酒はアルコール度数が低かったので、皆かなりの量を飲んだものと思われる。度数の高い酒を飲むと少量でカーッと酔ってすぐに醒めるものであるが、度数の低い酒をたくさん飲むと、なかなか酔わないけれども醒めるのも遅くなりがちである。古記録には「酩酊《めいてい》」という語が頻出するが、気づいたときには酩酊に及んでいたのであろう。

七

凡成長頗知㆓物情㆒之時、朝読㆓書伝㆒、次学㆓手跡㆒、其後許㆓諸遊戯㆒。但鷹犬・博奕、重所㆓禁遏㆒矣。元服之後、未㆑趨㆓官途㆒之前、其所㆑為亦如㆑此。但早定㆓本尊㆒、盥㆓洗手㆒唱㆓宝号㆒、若誦㆓真言一。至二于多少一、可レ随二人之機根一。不信之輩、非常夭命、前鑑已近。

およそ成長して頗《すこぶ》る物の情を知る時には、朝には古人の書いた書物を読み、次に書いた文字を学べ。その後に様々な遊戯を許す。ただし鷹や犬による狩猟や勝負を争う遊戯は、重く禁止するところである。元服の後、官途《かんと》に就かない前に行なうところも、またこのようなものである。ただ早く本尊の仏を定め、手を洗って仏の名号《みょうごう》を唱え、または真言《しんごん》の呪文を唱えよ。多少については、人の仏の教えを受けて発動する資質に随うように。不信の輩が非常で短命であることは、前人の残した手本はすでに近い。

第七条は、成長する際に行なうべきことについての訓戒。書物を読み、文字を学んだ後に、遊戯を許すが、狩猟と勝負を争うことは禁止すると訓戒している。また、本尊の仏を定め、仏の教えに随うよう命じている。

貴族に必要な基本的な勉学を、まず書物と読み書きと定めている点、きわめて適切なところであろう。その他、必要なことは他の訓戒で明らかにしているということになる。視点を変えれば、書物も読まず文字もよく知らない貴族や、狩猟や博奕《ばくち》で身を持ち崩している貴族がいたということになろうか。
本尊仏の名号というのは、朝起きてすぐに唱える際にも必要なのであろうが、彼ら平安貴族にも、心の拠りどころが求められていたのである。

八

貞信公語云、延長八年六月二十六日、霹二靂清涼殿一之時、侍臣失レ色。吾心中帰二依三宝一、殊無レ所レ懼。大納言清貫・右中弁希世、尋常不レ敬二仏法一。此両人已当二其妖一。以レ是謂レ之、帰真之力尤逃二災殃一。又信心・貞潔・智行之僧、多少随堪レ相二語之一。非二唯現世之助一、則是後生之因也。頗知二書記一、便留二心於我朝書伝一。

貞信公（藤原忠平）が語って云ったことには、「延長《えんちょう》八年六月二十六日、清涼殿《せいりょうでん》に落雷した時、侍臣《じしん》は色を失なった。吾は心の中で三宝《さんぼう》に帰依《きえ》して、特に怖れるところはなかった。大納言（藤原）清貫《きよつら》と右中弁（平）希世《まれよ》は、平常に仏法を敬っていなかった。この二人の人は、すでにその妖に当たった」といっていた。これをもって謂うと、帰依の力は、もっとも災難を逃れる。また信心・貞潔《ていけつ》・智行《ちぎょう》の僧は、多少はまま語り合うに堪える。ただ現世《げんせ》の助けのみではなく、つまりこれは後生《ごしょう》の因である。頗る記録を知って、心を本朝の古人が書いた書物に留めよ。

第八条は、忠平の教命を挙げて、仏法を敬うことについての訓戒。延長八年（九三〇）の清涼殿落雷は、先に菅原道真《みちざね》のところで述べた、道真が死後に怨霊《おんりょう》となり、清涼殿に落雷して、大納言清貫と希世を震死《しんし》させたという事故を指す。忠平はこの二人について、日ごろから仏法を敬っていなかったせいであると断じ、師輔に、仏法に帰依することの重要性を説いている。

仏法に帰依することは結構であるが、それにしても、落雷で死んでしまった二人が気の毒でならない。清貫は藤原南家の公卿で、武智麻呂《むちまろ》一男豊成《とよなり》の系統である。希世は仁明《にんみょう》天皇三世孫の公家平氏で、能吏《のうり》として、また歌人としても有名であった。顔を焼かれて臥し、半蔀《はじとみ》に載せられて修明《しゅうめい》門から外に出され、車に載せられたが、ほどなく死去した（『日本紀略《にほんきりゃく》』）。後に清貫は菅原道真の怨霊《おんりょう》に蹴殺《けころ》されたと言われたものの（『皇代記《こうだいき》』）、希世と道真の関係は定かではない。

九

夙興照レ鏡、先窺二形体変一。次見二暦書一、可レ知二日之吉凶一。年中行事、略注二付件暦一、毎日視之次先知二其事一、兼以用意。又昨日公事、若私不レ得レ止事等、為レ備二忽忘一、又聊可レ注二付件暦一。但其中要枢公事、及君父所在事等、別以記レ之可レ備二後鑑一。

朝に起きて鏡に映し、先ず形体の変化を窺え。次に暦書《れきしょ》を見て、日の吉凶を知るように。年中の行事は、ほぼこの暦に記し付け、毎日視る際に先ずその事を知り、あらかじめ用意せよ。また昨日の公事《くじ》、または私的に止むを得ないことは、忽忘《こつぼう》（すぐ忘れること）に備えるために、またいささかこの暦に記し付けるように。ただしその中で要枢《ようすう》の公事と、君主と父の所在のことは、別にこれに記して後の手本に備えるように。

第九条は、第二条で訓戒した朝の行事のうち、特に日記についての詳細な訓戒。まず鏡に顔を映し、形体の変化をうかがい、暦を見て、日の吉凶を知るというのは、第二条と同様。次が日記の記し方について訓戒しているが、第二条が日記を記す時刻を訓戒しているのに対し、第九条では具体的に日記に記録する内容、また記録する料紙《りょうし》について訓戒し

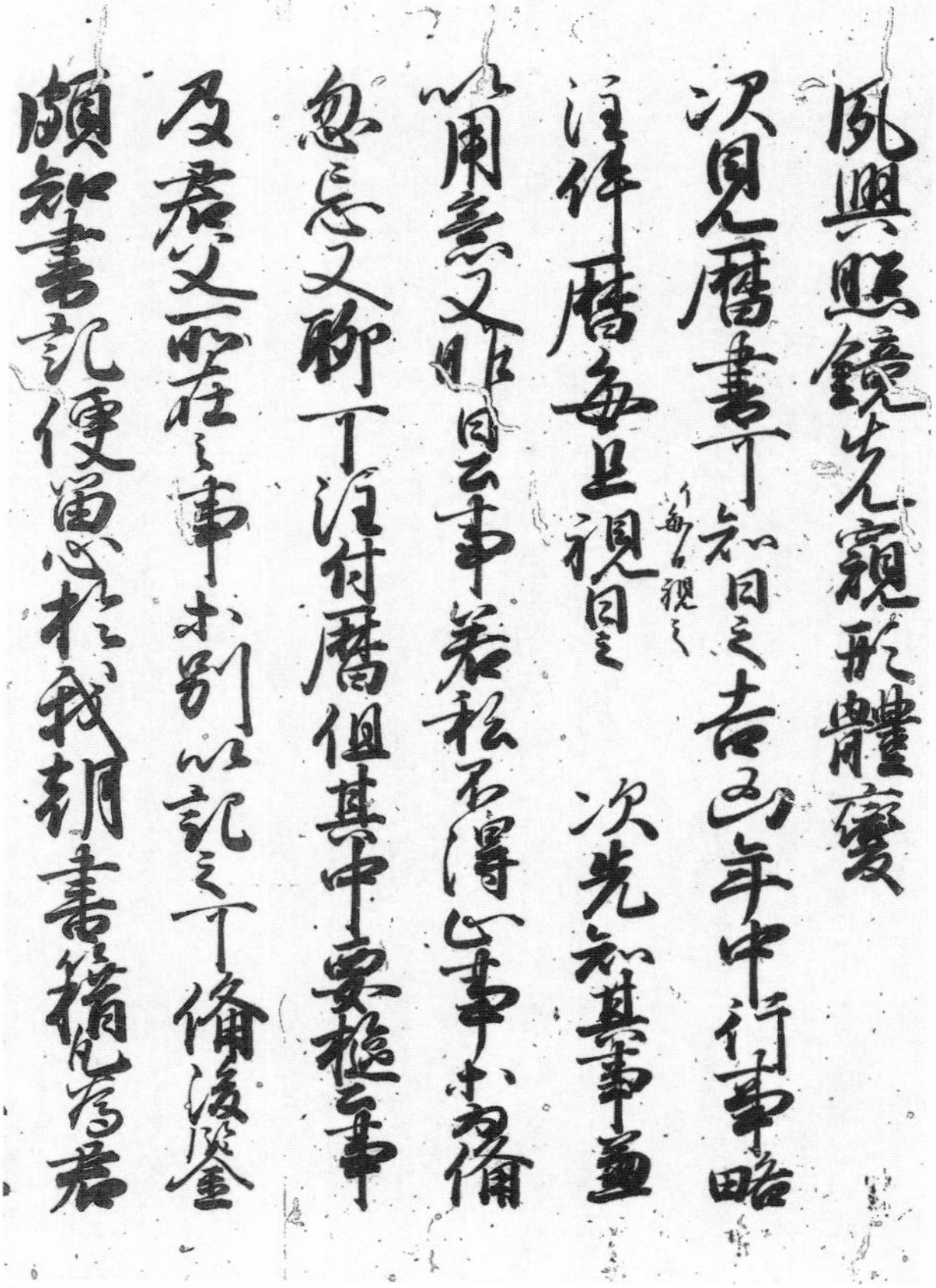
凡興照鏡先窺形體變
次見曆書可知日之吉凶年中行事略
注件曆毎日視之　次先知其事兼
以用意又昨日公事若私不得止事等為備
忽忘又聊可注付曆但其中要樞公事
及君父所在事等別以記之可備後鑒
頗知書記便留心於我朝書籍可爲看

『九条殿日中行事』（宮内庁書陵部蔵）

ている。

まず具注暦には、もともと暦注《れきちゅう》という注が暦博士や天文博士、陰陽《おんみょうじ》師によって記されており、日の吉凶がわかるようになっているが、そこに年中行事も記入せよと命じている。これは通常は家司《けいし》などが行なうもので、家司注とも呼ばれる。それを毎日見て、翌日の儀式に備えるよう命じている。

もちろん、ここには、翌日にどの儀式があるのかしか記されていないから、詳細な式次第は父祖の日記から探して、メモ（笏紙《しゃくし》とか懐紙《かいし》という）を写し取っておく必要がある。公卿たちの多くは、このようなメモを持って儀式の場に臨み（笏紙を笏の裏に貼る人もいたであろう）、先例どおりに儀式が遂行されるか確認するのである。時には違例《いれい》が生じることもあったが、人によっては、その違例をメモに書き込み、それを基に日記を記録したことであろう。『小右記』などは、そのメモを具注暦の日付の行と日付の行との間に貼り継いで、その日の記事にしたのではないかと、かつて推測したことがある（倉本一宏『摂関期古記録の研究』）。

「昨日の公事（政務や儀式のこと）」を記録するのが日記の主要な目的であり、これを宮廷社会や子孫に伝えるわけである。ただ、「もしくは私的な内容で、やむを得ないことは忽忘に備えるために暦に書き記せ」ともある。私的な内容は、あくまで副次的な記録ということになる。

また、具注暦とは別に、「枢要の公事と君父《くんぷ》（天皇と父親）の所在」については別に記して、後に備えよと命じている。「別に記す」とは、具注暦ではなく別の紙に別の日記を記せということで、我々は「別記《べっき》」と呼んでいる。

なお、師輔の日記は『九暦《きゅうれき》』と呼ばれるが、「暦」とあるからには元々は具注暦に記されていたのであろうが、現在残されているのは、『九暦抄《きゅうれきしょう》』と題された抄出《しょうしゅつ》本と、『九条殿記《くじょうどのき》』と題された部類記《ぶるいき》（日記を政務・儀式毎に部類してまとめたもの）、『九暦記《きゅうれきき》』と題された忠平の教命、『九暦断簡《きゅうれきだんかん》』と題された断簡《だんかん》、それに逸文《いつぶん》のみであって、元の姿を復元することは難しい。

十

凡為レ君必尽二忠貞之心一、為レ親必竭二孝敬之誠一。恭レ兄如レ父、愛レ弟如レ子。公私大小之事、必以二一心同志一、纖芥勿レ隔。若有二不レ安レ心之事一、常語二述其旨一、不レ可レ結レ恨。況至二于無レ頼姉妹一、慇懃扶持。又所レ見所レ聞之事、朝謁夕謁必曰二於親一。縦為レ我有二芳情一、為レ親有二悪心一、早以絶レ之。若雖レ疎二於我一、有レ懇二於親一、必以相二親之一。

およそ君主のためには必ず忠貞《ちゅうてい》の心を尽くし、親のためには必ず孝敬《こうけい》の誠を尽くせ。兄を恭うことは父と同じように、弟を愛することは子と同じようにせよ。公私の大小のことは、必ず一つの心、同じ志をもって行ない、わずかなことでも隔てることがあってはならない。もしも心に安んじないことがあれば、常にそのことを語り述べて、恨みを結んではならない。いわんや頼りの無い姉妹については、慇懃《いんぎん》に扶《たす》けて世話をせよ。また見たところ聞いたところのことは、朝に拝謁《はいえつ》し夕に拝謁して、必ず親に申せ。たとえ自分のために芳情《ほうじょう》があったとしても、親のために悪い心があるときは、早くこれを絶て。もし自分に疎いといっても、親に懇切《こんせつ》であることがあるときは、必ず互いに親しめ。

第十条は、儒教倫理についての訓戒。君（天皇）には忠、親には孝、兄には恭、弟には愛をもって接するよう命じている。また、頼り（後見《こうけん》）のない姉妹についても、これを世話するよう命じている。さらには、親には何事も申すよう命じている。

『小右記』や『春記《しゅんき》』を読んでいると、藤原実資《さねすけ》の養子の資平《すけひら》、その子の資房《すけふさ》が、それこそ毎日のように、出仕前と出仕後に実資の許を訪れ、政務や儀式の詳細を語っている。師輔の子孫ではなく、実頼《さねより》の系統の小野宮《おののみや》流において、この訓戒が実行されているのは、興味深いことである。

君や親はともかくも、藤原氏が兄弟間で熾烈な権力闘争を繰りひろげたことは自明であるが、だからこそ師輔はこれを訓戒したのであろうか。しかし先に述べたように、師輔の子息である伊尹《これまさ》・兼通《かねみち》・兼家《かねいえ》兄弟は、激しく争うことになった。同様、この兄弟は師輔の兄である実頼の子孫とも、嫡流《ちゃくりゅう》争いを続けた。こういう未来がわかっていたからこそ、師輔はこのような訓戒を残したのであろうか。

十一

凡非レ有二病患一、日々必可レ謁二於親一。若有二故障一者、早以二消息一可レ問二夜来之寧否一。文王之為二世子一也、尤足二欣慕一。

およそ病患《びょうかん》があるのでなければ、日々、必ず親に拝謁するように。もし故障があるのならば、早く書状で毎夜の安否を問うように。文《ぶん》王が世子《せいし》であったときの故事は、もっとも喜んで慕うに足りる。

第十一条は、親に拝謁せよとの訓戒。第九条の日記についての訓戒でも、「君主と父の所在のことは、別に記して後の手本に備えるように」と命じていたが、師輔はよほど父との関係を重視していたことになる。それほど忠平が偉大であったということであろうか。

なお、文王というのは、紀元前一、二世紀頃に中国周《しゅう》王朝を創建した王で、姓名は姫《き》昌《しょう》。殷《いん》の紂《ちゅう》王の暴政下にあって、陝西《せんせい》地方で治績をあげ、やがて殷に代わる勢力となった。仁に篤く老人を敬い年少者を慈しみ、礼によって賢者にへりくだったという、古代の理想的な聖人君主の典型とされる。

文王が世子であったときの故事は、文王が毎日三度、父の季《き》の安否を問うたというもの。『礼記《らいき》』に見える。

十二

凡為レ人常致二恭敬之儀一、勿レ生二慢逸之心一。交レ衆之間、用二其心一也。或有レ為二公家及王卿一、

雖レ非二殊謗一、而言二不レ善事一之輩、如レ然之間必避レ座而却去。若無レ便レ避レ座、守レ口隔レ心勿レ預二其事一。縦人之善不レ可レ言レ之。況乎其悪哉。古人云、使二口如一レ鼻、此之謂也。

およそ人のためには常に恭敬《くぎょう》の儀を致し、慢逸《まんいつ》の心を生じることがあってはならない。衆に交わる際には、その心を用いるように。或いは朝廷と王卿についてでも、特別な誹謗《ひぼう》ではないとはいっても、善くないことを言う輩《やから》は、そのような間は必ず座を避けて退き去れ。もし座を避けるに都合が悪ければ、口を守り心を隔てて、その事に関わってはならない。たとえ人の善いことであっても言ってはならない。ましてやその悪いことはなおさらである。古人が云ったことには、「口を鼻のようにせよ」といっているのは、これのことを謂うのである。

第十二条は、対人関係の心掛けについての訓戒。恭敬とはつつしみうやまうこと、慢逸とは侮《あなど》り軽んじることである。人に対しては、慎しみ敬い、侮り軽んじないという気持ちで接することが肝要であると訓戒している。

面白いのは、朝廷や王卿について批判するようなことを言う連中とは交わってはならないと言っている。おそらくこのような人は、古今東西いたのであろうが、それに同調したように思われては大変という処世術なのであろう。これも今も同じか。

人の悪いことはもちろん、善いことであっても言ってはならないというのは、かなり高度な処世術である。このような心遣いができたからこそ、師輔は九条《くじょう》流の祖としての地位を勝ち得たのであろう。もっとも、子供の伊尹・兼通・兼家兄弟や、孫の世代の道隆《みちたか》・道兼《みちかね》・道長《みちなが》兄弟が、この訓戒を守っていたようには見えないのだが。

「口を鼻のようにせよ」というのは、言いたいことを言わないことの意で、『行基年譜《ぎょうきねんぶ》』や『明文抄《めいぶんしょう》』に見えるほか、藤原実資の『小右記』でも使われている。

十三

非レ公私無二止事一之外、輙不レ可レ到二他処一。又妄勿レ交二契於衆人一。交之難也、古賢所レ誡也。縦有レ人、甲与レ乙有レ隙、若好二件乙一則甲結二其怨一。如レ此之類重可レ慎也。

公事ではなく私的に止むを得ないこと以外は、たやすく他の処に到ってはならない。またむやみに約束を諸々の人と交わすことがあってはならない。交際の難しいことは、昔の賢人が誡めたところである。たとえ人がいて、甲と乙とが仲たがいして、もしこの乙を好んだとしたら、甲はその怨みを生じる。このような類のことは重く慎しむように。

第十三条は、移動や交際についての訓戒。たやすく移動してはならない、たやすく約束してはならないと訓戒している。当時は五位以上の官人が無断で京外に出ることは禁止されていたし、実際に除目で任命された者が「城外《じょうがい》」にいるというので任命が取り消されることもしばしば起こった。道長や頼通《よりみち》など執政者が各地に遊覧することを、実資などはいつも非難している。

また、交際の難しさは、現在でもしばしば体験するところであるが、特に平安公卿社会のような、狭い範囲で、しかもほとんどが血縁や姻戚関係で結ばれた同族をメンバーとする集団では、さぞかし大変だったことであろう。

しかも同族や兄弟間で権力抗争を繰りひろげているとなっては、とても心を許して交際できたものではなかったのではないかと、ひそかに同情している。

十四

又莫レ伴二高声悪狂之人一。其所レ言事輙不レ可二聞驚一。三度反覆与レ人交レ言。

また大声で荒れ狂う人につき従ってはならない。その言うことは、たやすく聞いて驚いてはならない。三度反復してから、人と言葉を交えよ。

第十四条は、「高声悪狂の人」への対応についての訓戒。そんな人の言うことに驚いてはいけないと訓戒している。また、言葉を交える際には、三回反復してから話せと命じている。

特に後者は、適当にしゃべってばかりいる私としては、耳の痛いところである。後でこう話せばよかったと反省する毎日であるが、三回も反復してから話す内容は、まっとうではあってもあまり面白くはないのではないかとも考えてしまう。そのあたりが国の政事《まつりごと》を動かす人との違いなのであろう。

「大声で荒れ狂う人」というのも、どの職場にもいるものだが（かつての職場には会議の最中に物を投げつける御仁もいた）、それが公卿の陣定《じんのさだめ》における発言だと、始末が悪い。こういう人にもうまく対応しないと、大臣は務まらないのであろう。いやはや人の上に立つのは大変なのであろう。

十五

又不レ可レ行二輙軽事一。常知二聖人之行事一、不レ可レ為二無レ跡之事一。

また、たやすく軽々しいことを行なってはならない。常に聖人の行なった事を知って、前例のないことを行なってはならない。

第十五条は、行動についての訓戒。軽々しいことを行なってはならないと言われると、私などは穴があったら入りたいくらいであるが、千年以上前にもこのような訓戒が遺されているところを見ると、軽々しい連中もかなりいたのであろう。これを子息たちに訓戒した師輔の思いも、推して知るべきである。

十六

又以二我身富貧之由一、曾勿二談説一。凡身中家内之事、不レ可三輙披二談之一。

また我が身の富貧について、談《かた》り説いてはならない。およそ身の中、家の内のことは、たやすく披露して談ってはならない。

第十六条は、発言についての訓戒。自分の富貧や身体のこと、また家中のことについては談ってはならないと訓戒している。たしかに、普通の家ではなく藤原氏の中枢ともなると、その内実を他人に語ることは憚られたのであろう。

十七

始レ自二衣冠一及二于車馬一、随レ有用レ之。勿レ求二美麗一。不レ量二己力一好二美物一、則必招二嗜欲之謗一。徳至力堪何事之有哉。

衣冠から始めて車馬に及ぶまで、有るものに随って用いよ。美麗を求めてはならない。自分の力を量らずに美しい物を好むと、必ず貪《むさぼ》り好むことの誹謗を招く。徳が至り、力が堪える場合には、何事があるであろう。

第十七条は、贅沢についての訓戒。美麗な物を求めてはならないと訓戒している。ただし、徳（財産）や力（権力）がある場合は、美麗な物に囲まれてもよいと続けている。まあ道長などは、この訓戒に従ったのであろう。

十八

不レ可三輙借二用他人之物一。若公事有レ限必可レ借者、用畢之後、不レ可レ移二時日一、早以返二送之一。

たやすく他の人の物を借りて用いてはならない。もし公事に限りがあって、必ず借りなければならない場合は、用事が終わった後、日数を移してはならず、早く返し送れ。

第十八条は、物の借用についての訓戒。平安貴族は儀式によって着用する装束が決まっていたから、特殊なものについては人から借りるのが常であった。また、官位が上がったりすると、一族の有力者から帯や釼《たち》を借りて着用することも多かった。

道長などは、あちこちから借用の依頼が来て、その都度、快く貸したりしているが（『御堂関白記』）、これなどは道長の物を着用することによる政治的な効用を求めたものであろう。道長としても、貸し借りは人間関係の構築に役に立つと考えていたはずである。もっとも、道長の場合は、そのまま贈与することも多かったのだが。

実資の『小右記』にも、物品の貸し借り、また返却の記事がよく出てくる。実資は物の貸し借りによって一族の結束が固まると考えていた節がある。

いずれにせよ、借りた物を早く返すことは、古今東西、世の中の真理であろう。これを子孫に訓戒しているというのは、なかなか返さない連中が多かったということなのであろう。これも古今東西、よくあることであった。

十九

故老及知二公事一之者、相遇之時、必問二其所一レ知。聞二賢者之行一、則雖レ難レ及必企二庶幾之志一。多聞多見、知レ往知レ来之備也。

古《こ》老《ろう》と公事を知っている者に遇った時は、必ずその知っているところを問え。賢者の行ないを聞くときは、及びがたいといっても、必ず望み願う志を企てる。多聞多見は、過去を知り未来を知る備えである。

第十九条は、多聞多見についての訓戒。昔の先例をよく知っている古老と、公事（政務や儀式の式次第）をよく知っている賢者から政務や儀式の詳細を聞くことは、平安貴族にとってもっとも重要な情報源だったのであろう。

もちろん、父祖の日記（古記録）を自邸に保持している貴族が、圧倒的に有利であったことは間違いないが、それに加えて、このような学習態度の有無が、能吏《のうり》と愚者（白物《しれもの》）を分けることになるのである。

二十

若有レ官之者、催二行僚下一。為二一所長一之者、整二役其下一、各全二所職一以招二幹レ事之誉一。若有二故障一之時、早奉二假文一可レ申二障之由一。不レ申二故障一欠二公事一。慎レ之誡レ之。努力々々、其謗尤重。節会若公事之日、欲下整二衣冠一早参入上。為二殿上侍臣若諸衛督佐一之者、当二直日一早参入必可二宿直一。但至下于文官非二劇務一者上、随レ有二公事一而殊能勤之。緩怠之聞重可レ畏者也。

もし官がある者は、下僚の者を催して行なえ。一所の長である者が、その下の者を整えて使う時は、各々職務を全うして、事を掌《つかさど》る誉れを招く。もし故障がある時は、早く假文《かぶん》（休暇届）を奉って障りであることを申すように。故障を申さなければ、公事を欠くであろう。慎しみ誡めよ。きっと、きっと。その誹謗はもっとも重い。節会《せちえ》もしくは公事の日は、衣冠を整えて早く参入するようにせよ。殿上《てんじょう》の侍臣もしくは諸衛《え》府《ふ》の督《かみ》・佐《すけ》である者は、宿直《とのい》の日に当たったら、早く参入して必ず宿直するように。ただし文官の者で劇務ではない者については、公事があるに随って特によく勤めよ。緩怠《かんたい》の風聞は、重く畏《おそ》れなければならないものである。

第二十条は、職務態度についての訓戒。下僚の官人を督促して働かせること、休暇届をきっちりと提出すること、衣冠を整えて早く参入すること、宿直の日は必ず宿直すること、を訓戒している。この場合の衣冠は、「その時々に適したしかるべき衣服」というような意味で使われているのであろう（奥川一臣氏のご教示による）。

平安貴族はろくに仕事もせずにぶらぶらと過ごし、宴会と恋愛のみにうつつを抜かしているという誤解（それは主に文学作品に登場する貴族のイメージである）は、当時の古記録を読めばすぐに払拭されるのであるが、やはり真面目な勤務態度を訓戒することは必要と思ったのであろう。

当時は懈怠《けたい》と呼ばれる不熱心な勤務態度が、特に下級官人に多かった。それでも怠状《たいじょう》や過状《かじょう》と呼ばれる始末書を提出してしばらく謹慎していれば、そのうちに赦免《しゃめん》されることが多かったから、不熱心な連中は後を絶たなかったのだが（倉本一宏『平安京の下級官人』）、いったん緩怠の風聞が立つと、やはり出世には影響した。

もっとも、真面目に勤務しても身分の壁が厳然として存在し、それほど出世することはできなかった下級官人からしてみると、年下で大した能力もない（と勝手に考えていた）上級貴族の下では、アホくさくて真面目に勤務する気も起こらなかったのであろう。

逆に言えば、こういった連中をうまく使わなければならない師輔やその子孫たちにとっては、どうやって下級官人にやる気を起こさせるかが、大きな課題となっていたはずである。

二十一

凡採用之時、雖㆑有㆓才行㆒、不㆓恪勤㆒之者、無㆓薦挙之力㆒、縦非㆓殊賢㆒、僶俛之輩、尤堪㆓挙達㆒之。

衣冠（束帯）

およそ任用の時は、才智と品行があるとはいっても、恪勤《かくご》しない者は、推挙するに値しない。たとえ特に賢いわけではなくても、勤勉な輩は、もっとも推挙して栄達するに堪えるものである。

第二十一条は、任用についての訓戒。恪勤といって真面目に勤務する者を登用するよう訓戒している。才智と品行よりも勤勉を重んじるというのは、平安貴族の一つの価値観を表わしているものである。

二十二

大風・疾雨・雷鳴・地震・水火之変、非常之時、早訪レ親。次参レ朝、随二其所職之官一、廻二消災之慮一。在レ朝也欲二珍重矜荘一、在レ私也欲二雍容仁愛一、以二小事一輙不レ可レ見二慍色一。若有二成レ過之者一、暫雖二勘責一、亦以寛恕。

大風・猛雨・雷鳴・地震・洪水・火災の変異など、非常の時は、早く親を訪ねよ。次に朝廷に参って、その所職の官に随って、災厄《さいやく》を除く思慮を廻らせ。朝廷にあっては自重して威儀《いぎ》を正しくしようと欲し、私第にあっては温和な容貌で思いやり深く恵みをかけようと欲し、小事によってたやすく怒りの顔色を表わしてはならない。もし過失を行なった者がいれば、しばらく勘責《かんせき》するといっても、また思いやり深く許すようにせよ。

第二十二条は、まず災害についての訓戒。当時は災害を予測することはもちろんできず、その原因も解明されていなかったから、突然起こる災害は、さぞかし恐怖の対象だったことであろう。災害の際には、まずは親の安否を確認し、ついで朝廷に参って災厄を除く思慮を廻らせと命じている。ただし災厄を除くというのは真言や陀羅尼《だらに》を唱えるという、きわめて宗教的な行為であって、被災者や被災建造物そのものへの対応ではない。彼らの意識の方向がわかる例である。当時としては、それくらいしか災害を鎮める方策がなかったのであろう。

「朝廷にあっては」以降は、災害とは関係なく、生きる際の態度について訓戒している。もともと違う条が紛れ込んだものかもしれない。そこでは、朝廷では威儀を正しくし、私第では温和で仁愛を心掛け、怒りの色を表わさずに、過失を行なった者も許すようにと命じている。

これが師輔の基本的な生き方だったのであろう。それは確かに九条流の祖に相応しいのであるが、子息たちがこれを守ったとも思えないのが面白い。

二十三

凡不レ可二大怒一。勘レ人之事、心中雖レ怒、心思勿レ出レ口。常以二恭温一可レ為二例事一。喜怒之心無二過余一。以二一日之行事一、為二万年之鑑誡一。

およそ大いに怒ってはならない。人を判断することは、心の中で怒ったとしても、心に思って口に出してはならない。常に恭しく謹しみ深いことを通例のこととするように。喜怒の心が過ぎることがあってはならない。一日の行事を万年の訓誡とせよ。

第二十三条は第二十二条に続けて、怒りについての訓戒。もしかしたら第二十二条はもともとは災害に対する訓戒のみで、その後半部分は第二十三条と一連のものであったのではなかろうか。もっとも、この条数は私が便宜的に付けたものであるし、私が入手した『九条殿遺誡』や『九条殿日中行事』の写真版を見ても、段落分けや冒頭の「凡」の有無もまちまちであるので、あまり深く考えなくてもいいのかもしれない。

ここでは、怒ってはならないこと、怒っても口に出してはならないこと、常に恭しく謹しみ深く、喜怒の心が過ぎないことを心掛けるよう、訓戒している。これは『寛平御遺《かんぴょうのごゆい》誡《かい》』の第十条でも戒められていたことで、やはり人の上に立つ人は、感情を露わにしてはいけないという認識が共通していたのであろう。もっとも、孫の道長などは、よく感情を露わにして、人前で怒ったり泣いたりしているのだが（倉本一宏『藤原道長の日常生活』）、それも道長の個性ということなのであろう。

二十四

凡在レ宅之間、若道若俗所レ来之客、縦在二梳レ頭飲食之間一、必早可レ相二遇之一。捉レ髪吐レ哺之誡、古賢所レ重也。

およそ自宅にいる間、あるいは僧あるいは俗人でやって来た客は、たとえ頭を整えたり飲食したりしている間であっても、必ず早く遇うように。「髪を握り食を吐く」との訓誡は、昔の賢人が重んじたところである。

第二十四条は、来客についての訓戒。客が来た場合は、整髪や食事中であっても、すぐに会うよう訓戒している。『史記《しき》』に周公《しゅうこう》の逸話《いつわ》として載せられているものを踏まえている。

思わず藤原秀郷《ひでさと》（俵藤太《たわらのとうた》）が訪ねてきた際に髪を乱したまま会った平将門《まさかど》の説話を思い浮かべてしまうが（秀郷はこれで将門を見限ったということになっている）、藤原氏の上級官人は、こうまでして来客をすぐに迎えなければならなかったのであろうか。

二十五

家中所レ得物、各必先割二十分一一、以宛二功徳用一。没後之事、予為二格制一慥令二勤行一。

家中に得た物は、各々必ず先ず十分の一を割いて、功徳《くどく》の用に宛てよ。死後の供養は、あらかじめ規則を作って、たしかに勤め行なわせよ。

第二十五条は、喜捨《きしゃ》と死後の供養についての訓戒。十分の一を仏に喜捨せよというのはずいぶんな信仰心だし、死後の供養は規則を作っておけというのは、嵯峨太上天皇《さがだいじょうてんのう》の遺《い》詔《しょう》にもあったように、子供に迷惑をかけないようにとの配慮なのであろう。

なお、収入の十分の一を喜捨するというと、莫大な費用を要したかのように見えるが、彼ら上級貴族は積極的に造寺造仏を行なっていたのであるから、これも納得できる。師輔の造営した寺院は史料に見えないが、不比等《ふひと》が造営を始めた興福寺《こうふくじ》以来、光明子《こうみょうし》の法華《ほっけ》寺《じ》、武智麻呂《むちまろ》の栄山寺《えいさんじ》、冬嗣《ふゆつぐ》の興福寺南円堂《なんえんどう》、時平《ときひら》の極楽寺《ごくらくじ》、忠平の法性寺《ほっしょうじ》など、藤原氏は寺院の造営に熱心であった。後には兼家の積善寺《しゃくぜんじ》、道長の法成寺《ほうじょうじ》、頼通の平等院《びょうどういん》などが造営されている。

二十六

若不レ為二此事一之時、妻子・従僕多招二事累一。或乞二不レ可レ乞之人一、或失二不レ可レ失之物一。非二一家之害一、必招二諸人之謗一。仍所レ得之物、必以割置、始レ自二葬料一、尽二于諸七追福之備一。但清貧之人。此事尤難。然用意与レ不二用意一、何無二差別一。

もしこれらの事が行なわれない時は、妻子や従僕《じゅうぼく》は多く事の災いを招くであろう。或いは乞うてはならない人に乞い、或いは失なうはずのない物を失なう。一家の害ばかりではなく、必ず諸々の人の誹謗を招くであろう。そこで得た物は、必ず分割して置いて、葬料《そうりょう》から始めて、七日ごとの追福《ついふく》の備えを尽くせ。ただし清貧の人は、この事はもっとも難しい。けれども用意するのと用意しないのとは、どうして差別がないであろう。

第二十六条は、第二十四条以降を承《う》けての訓戒。これらの訓戒が行なわれなければ、家中に災いを招くと訓戒している。師輔としても、これで遺誡は言い尽くしたという意識もあったのであろう。

ただし、ここでも後にまた自分の葬儀について訓戒しているのは、もしかすると死期が遠くないことを自覚していたのであろうか。師輔が死去したのは、天徳四年五月四日であるが、これらの遺誡は、いったいいつ頃に遺したのであろう。

なお、現存する師輔の日記『九暦』のもっとも年次の降る逸文は、前田家本『西宮《さいきゅう》記《き》』に引かれた天徳四年四月八日条の灌仏《かんぶつ》の記事と、五月一日の『九暦抄』に抄出された「御出家〈法名、□□。〉」という記事である。実に死去する一箇月ほど前には、普通に儀式に参列し、その後に病に倒れ、五月一日にいわゆる「臨終出家」して（『日本紀略』『扶《ふ》桑略記《そうりゃくき》』）、四日に死去したのである。

四月八日以前に体調に関わる記事はなく、それ以降の四月何日かに遺誡を遺したということなのであろうか。あれほど自身の葬儀に関わる訓戒を多く遺しているのも、この突然の死を悟ったものと考えれば、得心がいく。

なお、この後に、次のような文章がある。

以前雑事書記如レ右。予十分未レ得二其一端一。然而常蒙二先公之教一、又訪二古賢一、今粗知二事要一、依二万一之勤一、雖レ非二才智一、已登二崇班一。吾後之者、熟存二此由一、縦非二如法一、必以用レ意可レ勤二公私之事一。

以上の雑事の書記は右のとおり。私（藤原師輔）は十分の一さえも得ていない。けれども常に先公（藤原忠平）の教えを蒙《こうむ》り、また昔の賢人を訪ねて、今、ほぼ事の要点を知った。ごくわずかな勤めによって、私は才智の者ではないとはいっても、すでに高い地位に登った。私の後の者は、よくよくこのことを思って、たとえ仏の法のとおりではなくても、必ず心を用いて公私のことを勤めるように。

ちなみに、『家訓集』や群書類従本『九条殿遺誡』、宮内庁 書陵 部蔵《くないちょうしょりょうぶ》『九条殿遺誡』にも、この部分は存するが、宮内庁書陵部蔵『九条殿日中行事』にはなく、第二十条までしか書写されていない。

この部分は、他の写本とは異なる訓戒が存在したものか、はたまた師輔が最後に総括を行なったものなのか、判然としない。「以上の雑事の書記」というのが師輔が誰かに口頭で訓戒した遺誡を書かせたという意味なのか、後世に誰かが書写したという意味なのか、これも断定できない。

仮に「予、十分に未だ其の一端も得ず」以下が、師輔の語ったものだとすると、遺誡を終えるにあたって、強調したいことを付け加えたということになる。「後の者」（伊尹・兼通・兼家たち）に、よほど言い遺しておきたかったのであろう。そこには、子息たちの権

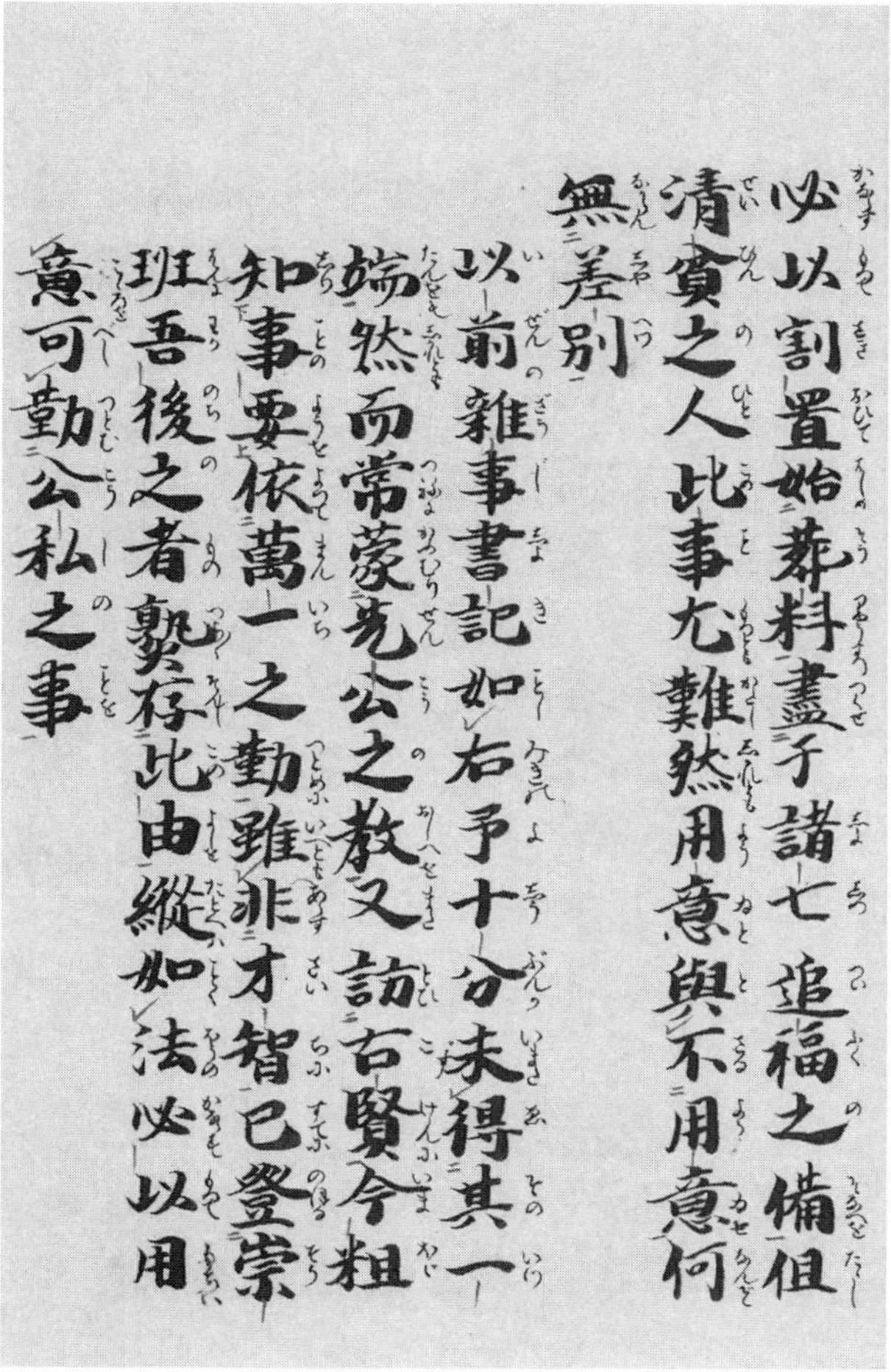

必以割置始葬料盡于諸七追福之備但
清貧之人此事尤難然用意與不用意何
無差別
以前雜事書記如右予十分未得其一
端然而常蒙先公之教又訪古賢今粗
知事要依萬一之勤雖非才智已登崇
班吾後之者熟存此由縱如法必以用
意可勤公私之事

『九条殿遺誡』（宮内庁書陵部蔵）

力抗争への危惧があったと推測するのは、考えすぎであろうか。
もう一つ、院政《いんせい》期に大江匡房《まさふさ》の談話を藤原実兼《さねかね》が筆録した言談聞書《げんだんききがき》である『江談抄《ごうだんしょう》』巻一に、次のような逸文が遺されている。

治部卿〈伊房。〉云、九条殿御遺誡云、為二我後人一者、賀茂・春日御祭日必可レ参二詣社頭一也。但於二春日一者、路遠有レ煩。可レ参二大原野一也者。而参二大原野一已以断絶也。件事極秘事。不レ載下流二布世間一之遺誡上。若件事在二別御記一歟。

治部卿〈（藤原）伊房《これふさ》。〉が云ったことには、「『九条殿御遺誡』に云ったことには、『我の後の人の為には、賀茂《かも》・春日《かすが》社の御祭の日は、必ず社頭《しゃとう》に参詣しなければならないのである。但し春日については、路が遠く煩いが有る。大原野《おおはらの》に参るべきである』ということだ。ところが大原野に参ることは、すでに断絶しているのである。この事は極めて秘事である。世間に流布している『遺誡』には載せていない。もしかしたらこの事は別の御記が在るのか」と。

『古代政治社會思想』（日本思想大系）の頭注では、「異なる内容を持つ遺誡が存したか」としているが、いかがであろうか。ここでは、賀茂・春日社の祭には、必ず社頭に参詣すべきであるが、春日社は京都から遠いので、代わりに大原野社に参るよう訓戒している。なお、大原野社は長岡《ながおか》京遷都に際して藤原氏の氏神である春日社を山城《やましろ》国に勧請《かんじょう》したもの。祭祀《さいし》はすべて奈良の春日社に准じて行なわれた。この文では、「大原野に参ることは、すでに断絶している」と言っているが、大原野祭は室町時代までは行なわれ、藤原氏の公卿が参詣していた。

藤原氏の大臣である師輔が、この内容を子孫に訓戒したとしてもおかしくはないが、匡房の言動から考えて、いかにももっともらしい「遺誡」を作った可能性も捨てきれない。いずれにせよ、これも師輔の遺誡が後世、特に藤原氏の公卿に尊重されていたことの表われであろう。

3　藤原師輔と『九条右丞相遺誡』

以上、藤原師輔《もろすけ》の遺した『九条《くじょう》右丞《うしょう》相《じょう》遺誡《ゆいかい》』を見てきた。師輔がいつの時点でこれらの遺誡を語ったのかは明らかではないが、いずれにせよ、日ごろ考えていたことを子孫に遺しておきたかったのであろう。

仮に師輔が死去した天徳《てんとく》四年（九六〇）にこの遺誡を残したとすると、その時点では実《さね》頼《より》たち小野宮《おののみや》流が政権を主導していたが、やがて師輔の女《むすめ》である安子《あんし》から生まれた皇子たちが即位すれば、自分たち九条《くじょう》流が権力を握る時代が到来するであろうことは、十分に予想していたことであろう。

しかしそうであればこそ、自分は外祖父《がいそふ》として権力を握る前に死んでいくであろうことの無念さも、また行間から読み取るべきであろうか。子供たちはまだ若くて官位も低く、次の世代の政権がどうなるのか、見通しが付かないなかでこの遺誡を遺したとすれば、世の中の行く先を案じながら遺誡を遺し、そして死んでいったことになる。

また、当時大納言で四十七歳、娘婿の源高明《たかあきら》の存在も気になっていたことであろう。師輔は高明と良好な関係を維持し、藤原氏と醍醐《だいご》源氏の共同による政権運用が行なわれていたのであるが、自分の死後に実頼や自分の子息たちも、この関係を維持してくれるのか、不安を抱いていたはずである。やがてそれは、九年後の「安和《あんな》の変」で表われることになる。

この年、一男の伊尹《これまさ》は三十七歳で従四位上参議、次男の兼通《かねみち》は三十六歳で従四位下中宮権大夫、三男の兼家《かねいえ》は三十二歳で正五位下少納言であった。すでに成人して、官人としての歩みを始めて久しい時ではあったが、まだまだ政権の座に就くまでには、幾多の抗争を経なければならなかった。

一方、この時期には摂関は置かれておらず、実頼は六十一歳で正二位左大臣、康保《こうほう》四年（九六七）に関白《かんぱく》、安和二年（九六九）に摂政に補され、天禄《てんろく》元年（九七〇）に死去している。実頼嫡男《ちゃくなん》の頼忠《よりただ》は、当時は三十七歳で従四位上右大弁、こちらもまだまだ政権には遠かった。

その後、康保四年五月、村上《むらかみ》天皇が死去し、憲平《のりひら》親王は十八歳で践祚《せんそ》した（冷泉《れいぜい》天皇）。同六十八歳となっていた実頼は関白に補され、太政大臣《だいじょうだいじん》にも任じられた（『日本紀略《にほんきりゃく》』）。同母弟で第四皇子の為平《ためひら》親王は源高明の女を妃としていたことによって警戒され、第五皇子の守平《もりひら》親王（後の円融《えんゆう》天皇）が皇太弟に立った。

冷泉と血縁・姻戚関係の両方で強く結び付いた伊尹・兼通・兼家といった、後に九条流と呼ばれる師輔の男たち（「外戚不善《がいせきふぜん》の輩《やから》」）は、「揚名関白《ようめいかんぱく》（名ばかりの関白）」実頼に代わって、天皇の政治意思を支配した（『源語秘訣《げんごひけつ》』所引『清慎公記《せいしんこうき》』）。高明が左大臣、異母弟の兼明《かねあきら》が大納言に並ぶが、やがてこの二人には苛酷な未来が訪れることになる。

実頼も高明もいなくなった廟堂《びょうどう》では、今度は伊尹・兼通・兼家という三兄弟による政権抗争が、頼忠も巻き込んで繰りひろげられた。このような事態を、師輔ははたして予想していたのであろうか。もしかすると、そこまで見通していたからこそ、あの遺誡を遺したのかもしれない。

おわりに　御遺誡からみる平安時代——皇統の確立と摂関家の成立

ここまでお読みになれば、もう気づかれたであろう。「御遺誡《ごゆいかい》」を遺した人物には、ある共通点があるということを（後世の仮託書《かたくしょ》である『菅家遺誡《かんけゆいかい》』を除く）。

それは、本来は嫡流《ちゃくりゅう》ではなかった皇統《こうとう》、本来は嫡流ではなかった藤原氏の門流が、あらたな嫡流となりつつあった時、あらたな嫡流となった人物が「御遺誡」を遺していると いうことである。もちろん、そういった人物だけが、子孫に遺誡を遺したわけではなかろう。

しかし、千年以上も前の個人的な遺誡が、今日まで残されていることの意味は、たんなる偶然ではない。さまざまな人物が遺誡を残したにもかかわらず、そのほとんどはいつしか失われてしまい、あらたな嫡流となった人物の「御遺誡」だけが、後世まで残されたということなのである。

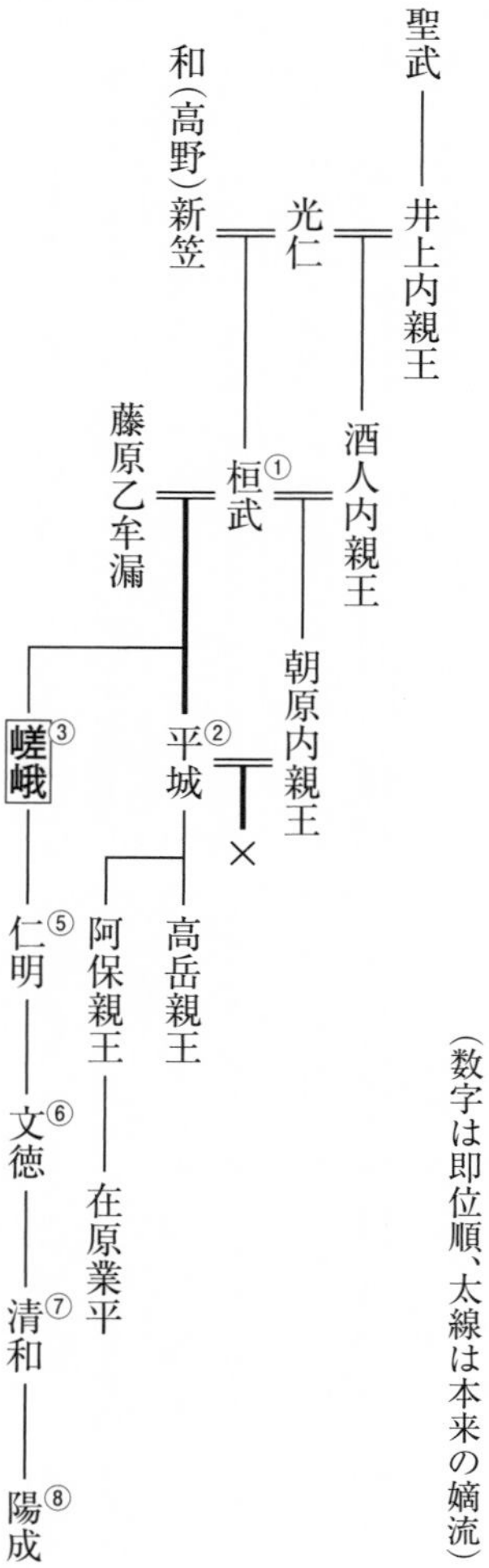
聖武
井上内親王
光仁
和(高野)新笠
酒人内親王
①桓武
藤原乙牟漏
朝原内親王
②平城
×
③嵯峨
高岳親王
阿保親王
在原業平
⑤仁明
⑥文徳
⑦清和
⑧陽成
(数字は即位順、太線は本来の嫡流)

系図6

もう一度、具体的に見てみよう。まず桓武《かんむ》天皇の第一皇子である平城《へいぜい》天皇は、桓武に始まる皇統の紛《まご》う方なき嫡流《ちゃくりゅう》であった（春名宏昭『平城天皇』）。何せ父が天皇、母が皇后という血縁を持つ男性の皇太子は、律令制成立後はじめての例だったのである。しかも平城は井上《いのうえ》内親王・酒人《さかひと》内親王を通して天武《てんむ》系の聖武《しょうむ》天皇の血を引く桓武皇女の朝原《あさはら》内親王を妃とした。この朝原から皇子が生まれれば、平城は天武系・天智《てんじ》系を統合したあらたな嫡流皇統を創出することができたのである。

しかし、平城はこの皇位継承構想を拒絶した。平城の皇子を産んだのは、身分の低い葛《ふじ》井藤子《いのとうし》（河内《かわち》国の百済《ひゃくさい》系渡来《とらい》氏族出身）や伊勢継子《いせのけいし》（伊勢国の中臣《なかとみ》氏出身）であった。

しかも平城は嵯峨《さが》天皇の挑発に乗って「平城太上天皇《だいじょうてんのう》の変（薬子《くすこ》の変）」で出家することになり、皇太子であった平城皇子の高岳《たかおか》親王は廃された。皇統の嫡流は同母弟の嵯峨に移動し、嵯峨皇子の仁明《にんみょう》天皇から、仁明―文徳《もんとく》―清和《せいわ》―陽成《ようぜい》という直系継承が行なわれた。

その嵯峨が、子孫に「御遺誡」を遺した、というより、子孫のあらたな天皇家嫡流が嵯峨の「御遺誡」を伝えたのである。平城の行なった数々の政治改革の功績は忘れられ、むしろ平城やその子孫である在原《ありはら》氏に「狂気説話」や「流浪伝説」が作られた一方で（倉本

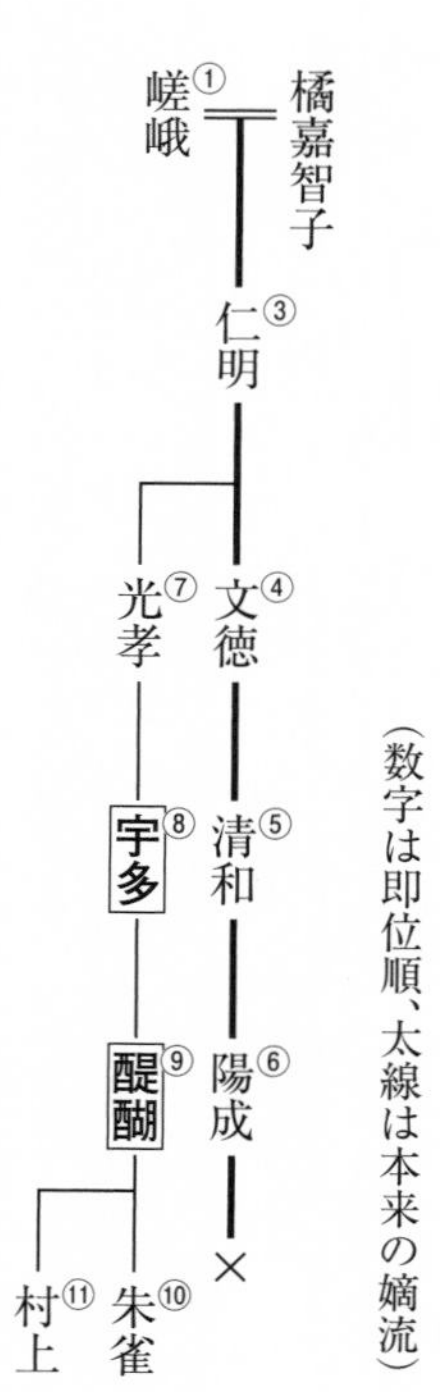

系図7

一宏『敗者たちの平安王朝 皇位継承の闇』)、嵯峨は新皇統の祖としての地位を確立した。

嵯峨から始まった新しい天皇家嫡流は、五代にわたって直系継承を行なった。嵯峨から数えて五代目にあたる陽成天皇は、清和天皇の第一皇子として、藤原基経《もとつね》の妹の高子《こうし》から生まれた。生後三箇月足らずで皇太子《こうたいし》となり、貞観《じょうがん》十八年(八七六)に九歳で即位した。しかし、元慶《がんぎょう》八年(八八四)に基経によって退位させられた。代わりに基経によって擁立されたのは、仁明の第三皇子で二世代も遡《さかのぼ》る五十五歳の時康《ときやす》親王であった(光孝《こうこう》天皇)。

光孝天皇は、女《むすめ》の佳珠子《かずし》が産んだ外孫《がいそん》の貞辰《さだとき》親王を擁立しようという基経の思惑に配慮し、伊勢神宮の斎宮《さいぐう》と賀茂《かも》社の斎院《さいいん》を務めている二人の皇女を除く全員に姓を賜って源氏とした。

しかし、光孝が一代限りで終わることはなかった。即位から三年後の仁和《にんな》三年(八八七)八月、死去の四日前に基経から東宮《とうぐう》を立てることを要請された光孝は、臣籍《しんせき》に降下させていた第七子で二十一歳の源定省《さだみ》を親王に復して皇太子とした。そして定省親王は光孝の死去の日に践祚《せんそ》して宇多《うだ》天皇となった。これによって光孝は一代限りの立場を脱し、光孝―宇多皇統が成立したのである(河内祥輔『古代政治史における天皇制の論理』)。

あらたな皇統を確立した宇多と醍醐《だいご》が、またそれぞれの子孫に「御遺誡」を遺した。特にかつては臣下であった宇多は、これも臣下であった醍醐に対して、天皇としての心得を、事細かに訓戒している。

これから天皇家の嫡流を担っていく醍醐に、できる限りの経験を訓戒として遺しておこうという熱意は、読んでいくにつれて痛いほど感じられる。それは裏返せば、自分たち父子が本来は嫡流ではなかったことの反映でもある。

それに対して、醍醐が遺したとされる「御遺誡」は、ずいぶんとありきたりの内容である。やはり二十一歳の時に突然の僥倖で皇位に即いた宇多と比べて、醍醐の方は親王宣下を受けたのが五歳、立太子《りったいし》したのが九歳、即位したのが十三歳の年であり、以後、三十三年にわたって在位した。死去の際には八歳で第十四皇子の東宮寛明《ゆたあきら》親王（後の朱雀《すざく》天皇）と五歳の第十六皇子成明《なりあきら》親王（後の村上《むらかみ》天皇）がおり、その皇統は盤石であった。やはり死去に際しての緊張感は、宇多の譲位《じょうい》時とは比べものにならなかったのであろう。

なお、この宇多―醍醐皇統の確立と相前後したことになっているが、旧皇統最後の天皇であった陽成の「狂気・暴虐説話」が作られた。しかもそれは、『扶桑略記《ふそうりゃくき》』に寛平《かんぴょう》元年（八八九）の『宇多天皇御記《うだてんのうぎょき》』として語られている。しかし、特に『扶桑略記』においては、「寛平御記《かんぴょうぎょき》」との明記がある逸文《いつぶん》であっても、他書の文章や地の文が混入している場合も存する（佐藤全敏「宇多天皇の文体」）。実際にはこれらは宇多の日記ではないと考えた方がよかろう。

しかもこれらの記事は寛平元年の後半に集中している。この寛平元年十二月二十八日に源維城《これざね》以下の子が親王とされている。このうち、維城が敦仁《あつぎみ》親王となり、四年後の寛平五年（八九三）に立太子し、後に即位して醍醐天皇となる。その時期のこととして陽成の「狂気・暴虐説話」が語られるのも、宇多―醍醐皇統の確立の裏返しという意味があるのであろう（倉本一宏『敗者たちの平安王朝 皇位継承の闇』）。

一方、藤原氏の方は、始祖の「仲郎《ちゅうろう》（次男）」鎌足《かまたり》以来、結果的に次の世代に嫡流を継いできたのは、つねに嫡子ではなく庶子であった。鎌足次男の不比等《ふひと》、不比等次男の房前《ふささき》、房前三男の真楯《またて》、真楯三男の内麻呂《うちまろ》、内麻呂次男の冬嗣《ふゆつぐ》、冬嗣次男の良房《よしふさ》、長良《ながら》三男の基経、基経三男の忠平《ただひら》、忠平次男の師輔《もろすけ》、師輔三男の兼家《かねいえ》ときて、兼家五男の道長《みちなが》に至ったのであり、道長一男の頼通《よりみち》以降は、一男が次の世代へと嫡流を降ろしていく事態も増えてきた。これは藤原氏自体や古代日本の継承様式が変質したのではなく、摂政《せっしょう》関白《かんぱく》といった地位の政治的意味が変質した結果である。

『九条《くじょう》右丞相《うしょうじょう》遺誡《ゆいかい》』を遺した師輔も、自身が忠平の次男に過ぎず、政権は兄の実頼が握っていた。実頼―頼忠《よりただ》―公任《きんとう》（もしくは実資《さねすけ》）と続く小野宮《おののみや》流が藤原氏嫡流を継承する可能性も高かった。たまたま実頼の女の述子《じゅつし》が村上の皇子を産まず、師輔の女の安子《あんし》が三人の皇子と四人の皇女を産むという偶然（私は政治的選択の結果だと考えているが）があり、憲平《のりひら》親王（後の冷泉《れいぜい》天皇）が生後すぐに立太子したおかげで、師輔の九条《くじょう》流が次の世代に政権を担当する可能性が出てきたに過ぎないのである。

実頼も儀式に詳しく、儀式書として『小野宮故実旧例《おののみやこじつきゅうれい》』を記し、日記『清慎公記《せいしんこうき》』（『水心記《すいしんき》』）を記録していたが、それらはいずれも散逸《さんいつ》して、まとまったかたちでは残されていない。小野宮流では重んじられていたが（『小右記《しょうゆうき》』）、現在、源高明《たかあきら》の『西宮記《さいきゅうき》』、藤原実資の『小野宮年中行事《おののみやねんじゅうぎょうじ》』などに引用されて確認できる『清慎公記』の逸文は二〇三条に過ぎない（国際日本文化研究センター「摂関期古記録データベース」）。実資や公任をはじめとする小野宮流では、『清慎公記』を儀式の根本史料として必死に伝えようとしていたのであるが、それでも焼失や散逸は避けられなかった。これが嫡流を外れた小野宮流の命運と重なるのである。

その一方では、師輔の記録した日記である『九暦《きゅうれき》』は、抄録本《しょうろく》（『九暦抄《きゅうれきしょう》』）、部類記《ぶるいき》（『九条殿記《くじょうどのき》』）、断簡《だんかん》（『九暦断簡《きゅうれきだんかん》』）が、逸文とともに伝えられている。こちらは合わせて

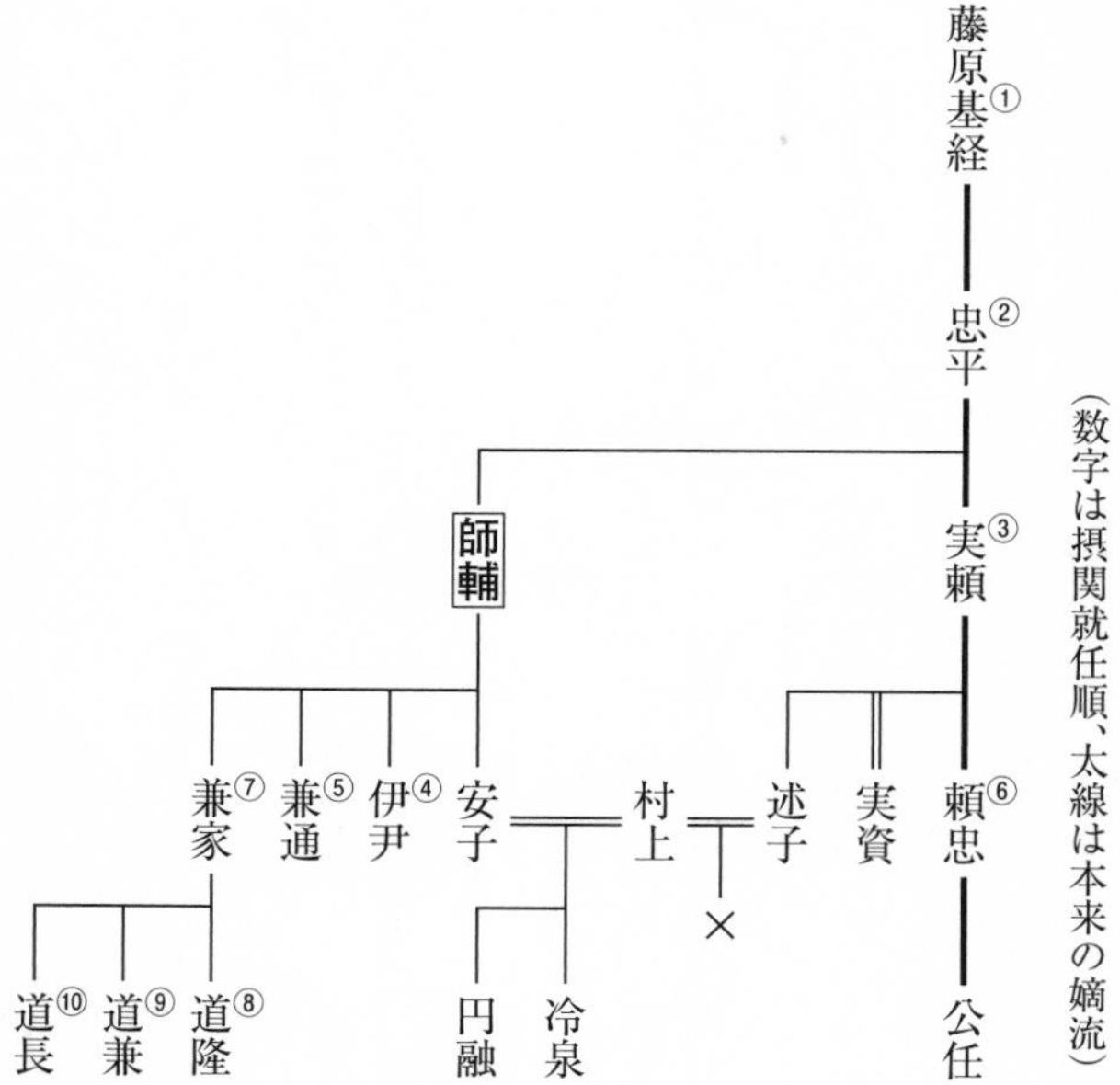
（数字は摂関就任順、太線は本来の嫡流）
藤原基経①
忠平②
実頼③
師輔
頼忠⑥
実資
述子
村上
安子
伊尹④
兼通⑤
兼家⑦
×
公任
冷泉
円融
道隆⑧
道兼⑨
道長⑩
系図8

七一五条が残されている（国際日本文化研究センター「摂関期古記録データベース」）。『九暦』も儀式次第を詳しく記録した日記なのであるが、これがまとまって残されているのは、やはり摂関家の祖としての師輔の重要性によるものであろう。

それと軌を一にして、『九条右丞相遺誡』も、その後の摂関家によって重視され、数々の写本が伝えられるとともに、後世の種々の史料に引用されて、今日まで残されたのである。

以上、「御遺誡」を遺した、そしてそれが遺された人物の特徴について述べてきた。しかし大事なのは、これらの遺誡は、ほとんど守られなかったという点である。嵯峨以降、そして宇多・醍醐以降の天皇たちも、師輔以降の藤原氏摂関も、「御遺誡」で命じられた立派な訓戒を遵守していたようには、どうしても思えないのである。『醍醐天皇御記《だいごてんのうぎょき》』『村上天皇御記《むらかみてんのうぎょき》』の二代御記を常に座右に置いて指針としていた一条《いちじょう》天皇などは、例外的な存在であろうか（何故に『宇多天皇御記《うだてんのうぎょき》』は置いていなかったのだろう）。

しかし、それがわかっていたからこそ、新しい嫡流の人々は、これらの遺誡を遺したのかもしれない。数々の遺誡には、彼ら平安時代人が子孫に実行して欲しい理想的な行動規範や価値観、そして遺誡を遺した時点での政治状況がよく表われているが、それは子孫へのはかない望みだったのであろう。

また、本書で取りあげた遺誡以降、古代を通じて同様の遺誡は遺されていない。もちろん、今日まで伝わっていない遺誡が存在したことも十分に考えられるが、たとえそうであっても、後世の人々が今日まで遺そうとしなかったということである。

本書で扱った遺誡が語られた時代は、天皇家にとっても、藤原氏にとっても、それだけ重要な転換点であったということなのだろう。

二〇二四年三月　嵐山にて

著者識す

【付録】関係地図（平安京、平安京外）、大内裏図、内裏図、略年表、参考文献

1　大内裏

a　内裏　b 大極殿　c 朝堂院　d 豊楽院

【右京】

2　朱雀院

3　淳和院

4　西宮（源高明）

5　西市

6　西寺

【左京】

7　一条院
（師輔→伊尹・為光→詮子）

8　染殿
（良房→基経→忠平→師輔）

9　土御門殿
（源雅信→道長→彰子）

10　枇杷殿
（基経→仲平→道長→妍子）

11　小一条院（冬嗣→良房）

12　花山院
（良房→忠平→師輔→花山院）

13　本院（時平）

14　菅原院

15　冷泉院

16　陽成院

17　小野宮（実頼→実資）

18　神泉苑

19　堀河院
（基経→兼通→顕光）

20　閑院
（冬嗣→基経→公季）

21　東三条院
（忠平→兼家→道長）

22　南院
（兼家→道隆→道長）

23　高松殿（源高明）

24　四条宮（頼忠→公任）

25　河原院（六条院）
（源融→宇多院）

26　東市

27　亭子院
（温子→宇多院）

28　東寺

29　九条殿（基経→師輔）

30　羅城門

【京外】

31　法成寺

32　積善寺

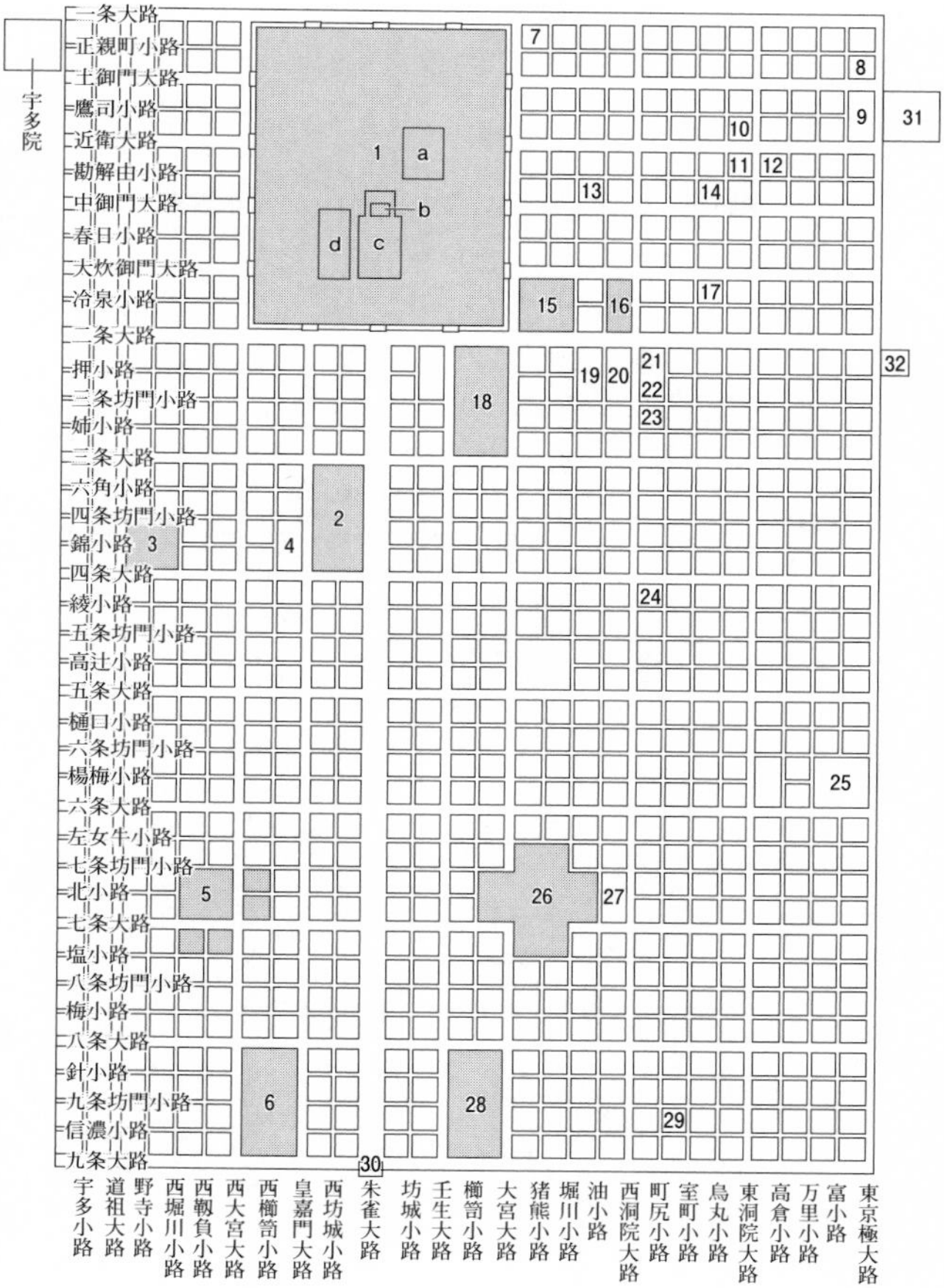

平安京　『よみがえる平安京』をもとに加筆して作成

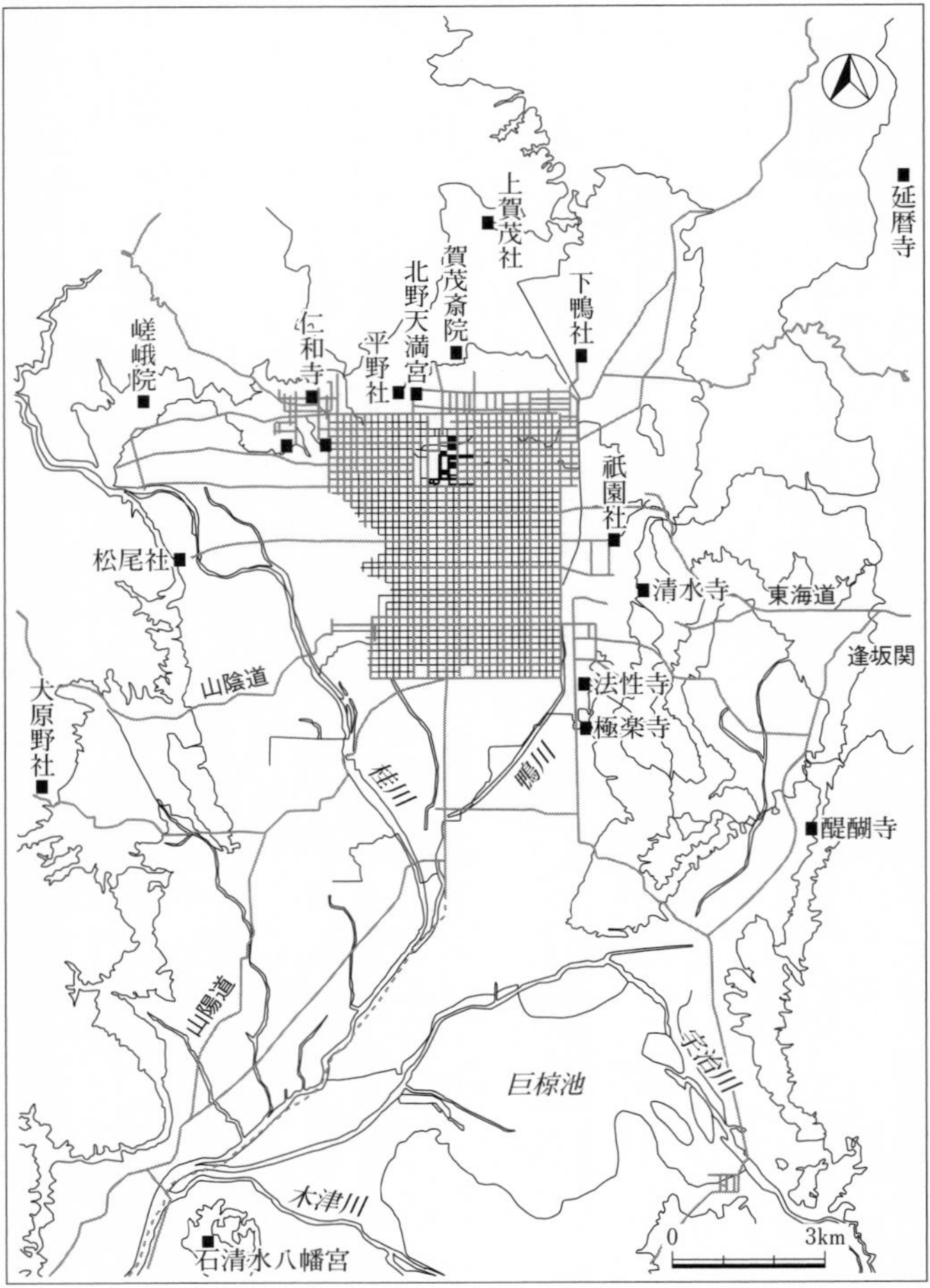

平安京外　山本雅和「都の変貌」をもとに加筆して作成

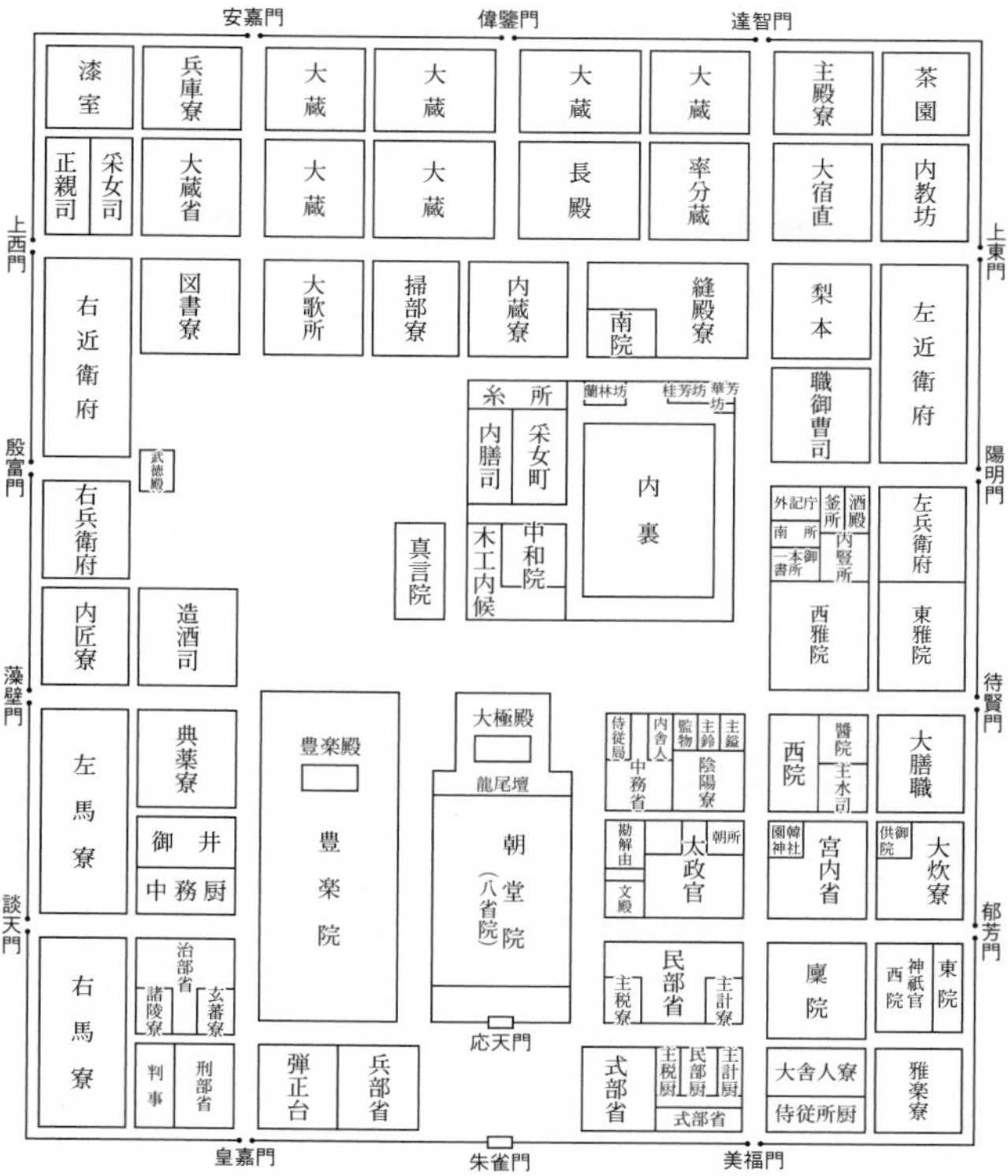

大内裏　『平安京提要』掲載の図を加筆して作成

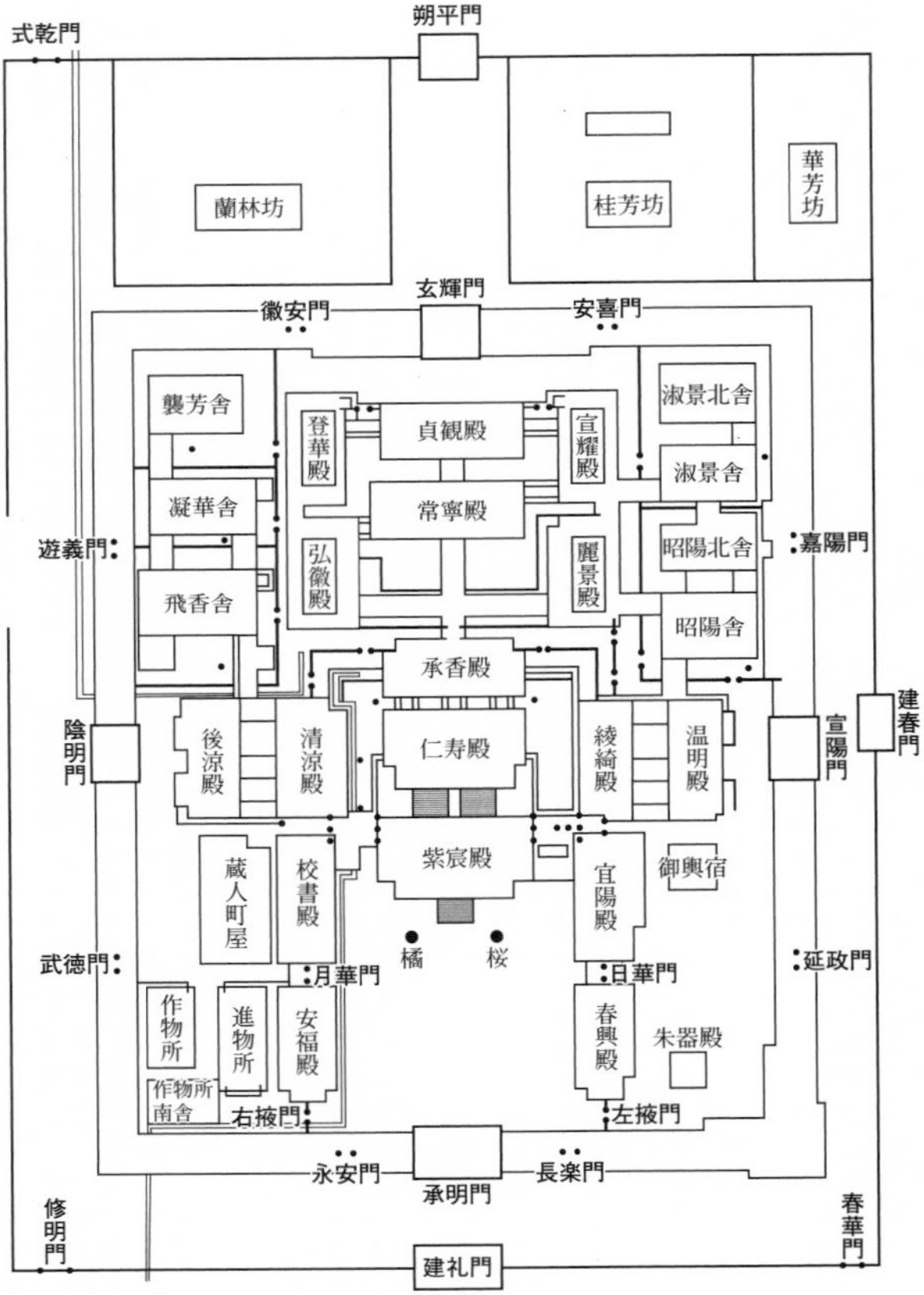

内裏　『平安京提要』掲載の図を加筆して作成

略年表

年	西暦	天皇	主な出来事
大同元	八〇六	平城	桓武天皇崩御（七十歳）・平城天皇即位（三十三歳）
大同四	八〇九	嵯峨	平城天皇譲位（三十六歳）・嵯峨天皇即位（二十四歳）
弘仁元	八一〇		平城太上天皇の変（薬子の変）・高岳親王廃太子
天長十	八三三	仁明	仁明天皇即位（二十四歳）
承和九	八四二	淳和	**嵯峨太上天皇崩御**（五十七歳）・承和の変・道康親王立太子
嘉祥三	八五〇	文徳	文徳天皇即位（二十四歳）
天安二	八五八	清和	清和天皇即位（九歳）
貞観十八	八七六	陽成	陽成天皇即位（九歳）
元慶八	八八四	光孝	陽成天皇譲位（十七歳）・光孝天皇即位（五十五歳）
仁和三	八八七	宇多	宇多天皇即位（二十一歳）
寛平九	八九七	醍醐	**宇多天皇譲位**（三十一歳）・醍醐天皇即位（十三歳）
昌泰二	八九九		藤原時平左大臣・菅原道真右大臣
延喜元	九〇一		昌泰の変・菅原道真大宰権帥
延喜三	九〇三		**菅原道真薨去**（五十九歳）

延喜九	九〇九		藤原時平薨去（三十九歳）
延長八	九三〇	朱雀	**醍醐天皇崩御**（四十六歳）・朱雀天皇即位（八歳）・藤原忠平摂政
承平元	九三一		宇多法皇崩御（六十五歳）
天慶四	九四一		藤原忠平関白
天慶九	九四六	村上	朱雀天皇譲位（二十四歳）・村上天皇即位（二十一歳）
天暦元	九四七		藤原実頼左大臣・藤原師輔右大臣
天暦三	九四九		藤原忠平薨去（七十歳）
天暦四	九五〇		師輔女安子、憲平親王（後の冷泉天皇）を出産
天徳三	九五九		師輔女安子、守平親王（後の円融天皇）を出産
天徳四	九六〇		**藤原師輔薨去**（五十二歳）
康保四	九六七	冷泉	冷泉天皇即位（十八歳）・藤原実頼関白
安和二	九六九	円融	安和の変・冷泉天皇譲位（二十歳）・円融天皇即位（十一歳）
			藤原実頼摂政
天禄元	九七〇		藤原実頼薨去（七十一歳）・藤原伊尹摂政
天禄三	九七二		藤原伊尹薨去（四十九歳）・藤原兼通内覧
天延二	九七四		藤原兼通関白

参考文献

黒板勝美編輯『新訂増補 国史大系 日本後紀・続日本後紀・日本文徳天皇実録』 吉川弘文館 一九六六年（初版一九三四年）

森田 悌『続日本後紀 全現代語訳』（講談社学術文庫） 講談社 二〇一〇年

黒板勝美編輯『新訂増補 国史大系 日本三代実録』 吉川弘文館 一九六六年（初版一九三四年）

山岸徳平・竹内理三・家永三郎・大曾根章介校注『古代政治社會思想』（日本思想大系） 岩波書店 一九七九年（『寛平御遺誡』『菅家遺誡』『九条右丞相遺誡』は大曾根章介校注）

山本眞功編註『家訓集』（東洋文庫） 平凡社 二〇〇一年

塙保己一編纂『続群書類従 第三十二輯下 雑部』「菅家遺誡」 續群書類従完成會 一九八八年（初版一九二四年）

米田雄介・吉岡眞之校訂『史料纂集 吏部王記』 続群書類従完成会 一九七四年

塙保己一編纂『群書類従 第二十七輯 雑部』「九条殿遺誡」 続群書類従完成会 一九六〇年（初版一九三四年）

国史大辞典編集委員会編『国史大辞典』 吉川弘文館 一九七九―九七年

角田文衞総監修・古代学協会・古代学研究所編『平安京提要』 角川書店 一九九四年

角田文衞監修・古代学協会・古代学研究所編『平安時代史事典』 角川書店 一九九四年

林屋辰三郎・村井康彦・森谷尅久監修『日本歴史地名大系 京都市の地名』 平凡社 一九七九年

国際日本文化研究センター「摂関期古記録データベース」(https://rakusai.nichibun.ac.jp/kokiroku/)

磯貝正義『郡司及び采女制度の研究』 吉川弘文館 一九七八年

加藤仁平『増補版 和魂漢才説』 汲古書院 一九八七年（初版一九二六年）

倉本一宏『藤原道長の日常生活』（講談社現代新書） 講談社 二〇一三年

倉本一宏『平安朝 皇位継承の闇』（角川選書）ＫＡＤＯＫＡＷＡ　二〇一四年（文庫版『敗者たちの平安王朝 皇位継承の闇』〈角川ソフィア文庫〉二〇二三年）
倉本一宏『藤原氏 権力中枢の一族』（中公新書）中央公論新社　二〇一七年
倉本一宏『公家源氏 王権を支えた名族』（中公新書）中央公論新社　二〇一九年
倉本一宏『皇子たちの悲劇 皇位継承の日本古代史』（角川選書）ＫＡＤＯＫＡＷＡ　二〇二〇年
倉本一宏『平安京の下級官人』（講談社現代新書）講談社　二〇二二年
倉本一宏『平氏 公家の盛衰、武家の興亡』（中公新書）中央公論新社　二〇二二年
倉本一宏『摂関期古記録の研究』　思文閣出版　二〇二五年刊行予定
河内祥輔『古代政治史における天皇制の論理』吉川弘文館　一九八六年
佐藤全敏『平安時代の天皇と官僚制』東京大学出版会　二〇〇八年
所　功『菅原道真の実像』臨川書店　二〇〇二年
橋本義彦『平安貴族』（平凡社選書）平凡社　一九八六年
林　陸朗『上代政治社会の研究』吉川弘文館　一九六九年
春名宏昭『平城天皇』（人物叢書）吉川弘文館　二〇〇九年
目崎徳衛『貴族社会と古典文化』吉川弘文館　一九九五年
和田英松『皇室御撰之研究』明治書院　一九三三年
和田英松『国書逸文』国書逸文研究会　一九四〇年
佐藤全敏「宇多天皇の文体」倉本一宏編『日記・古記録の世界』思文閣出版　二〇一五年

倉本一宏　くらもと・かずひろ
歴史学者。1958年、三重県津市生まれ。東京大学大学院人文科学研究科国史学専門課程博士課程単位修得退学。博士（文学、東京大学）。国際日本文化研究センター名誉教授。専門は日本古代政治史、古記録学。著書に『藤原道長の日常生活』『戦争の日本古代史』『平安京の下級官人』『紫式部と藤原道長』（講談社現代新書）、『蘇我氏』『藤原氏』『公家源氏』『平氏』（中公新書）、『権記』『小右記』（KADOKAWA）、『藤原道長「御堂関白記」を読む』（講談社学術文庫）など。2024年NHK大河ドラマ「光る君へ」時代考証を担当。

朝日新書
957

平安貴族《へいあんきぞく》の心得《こころえ》
「御遺誡《ごゆいかい》」でみる権力者たちの実像

2024年6月30日第1刷発行

著　者　倉本一宏

発行者　宇都宮健太朗
カバーデザイン　アンスガー・フォルマー　田嶋佳子
印刷所　図書印刷株式会社
発行所　朝日新聞出版
〒104-8011　東京都中央区築地5-3-2
電話　03-5541-8832（編集）
　　　03-5540-7793（販売）

Published in Japan by Asahi Shimbun Publications Inc.
ISBN 978-4-02-295272-1
定価はカバーに表示してあります。

何が教師を壊すのか
追いつめられる先生たちのリアル

朝日新聞取材班

定額働かせ放題、精神疾患・過労死、人材使い捨て、クレーム対応……志望者大激減と著しい質の低下。追いつめられる教員の実態。先生たちのリアルな姿を描き話題の朝日新聞「いま先生は」を再構成・加筆して書籍化。

米番記者が見た大谷翔平
メジャー史上最高選手の実像

ディラン・ヘルナンデス
サム・ブラム
志村朋哉／聞き手・訳

本塁打王、2度目のMVPを獲得し、プロスポーツ史上最高額でロサンゼルス・ドジャースへの移籍が決まった大谷翔平。渡米以来、その進化の過程を見続けた米国のジャーナリストが語る「二刀流」のすごさとは。データ分析や取材を通して浮かび上がってきた独自の野球哲学、移籍後の展望など徹底解説する。

うさんくさい「啓発」の言葉
人〝財〟って誰のことですか？

神戸郁人

「人材→人財」など、ポジティブな響きを伴いつつ、時に働き手を過酷な競争へと駆り立てる言い換えの言葉。こうした〝啓発〟の言葉を最前線で活躍する識者は、どのように捉えているのか。そして、何がうさんくさいのか。堤未果、本田由紀、辻田真佐憲、三木那由他、今野晴貴の各氏が斬る。

朝日新書

平安貴族の心得
「御遺誡」でみる権力者たちの実像

倉本一宏

大河ドラマ「光る君へ」の時代考証者が描く平安時代の天皇・大臣の統治の実態。「御遺誡」と呼ばれる史料には権力の座に君臨した人物たちの帝王学や宮廷政治の心得、人物批評が克明につづられている。嵯峨天皇、宇多天皇、菅原道真、醍醐天皇、藤原師輔の五文書から描く。

仕事が好きで何が悪い!
生涯現役で最高に楽しく働く方法

松本徹三

ソフトバンク元副社長が提案する、定年後の日々新たな生き方。悠々自適なんかつまらない。日本的サラリーマンの生き方は綺麗さっぱりと忘れ、一人の自由人として働いてみよう。82歳で起業した筆者によるシニア&予備軍への応援の書。丹羽宇一郎、伊東潤推薦!

地政学の逆襲
「影のCIA」が予測する覇権の世界地図

ロバート・D・カプラン/著
櫻井祐子/訳
奥山真司/解説

ウクライナ戦争、パレスチナ紛争、米国分断……。政治的基盤が足元から大きく揺らぐ時代における「地理」の重要性を鮮やかに論じ、縦横無尽かつ重厚な現場の体験と歴史書との対話で世界を映し出す。〝地政学本の決定版〟が待望の新書化。

50代うつよけレッスン

和田秀樹

50代は老いの思春期。先行きの見えない不安からうつ病になる人が多い世代だ。「考え方のクセや行動パターンを変えることでうつは防げる」という著者が、「思考」「生活」「行動」から始める〝自分の変え方〟をリアルに伝授。読むだけでココロの重荷が消える処方箋!